陈志新 —— 编著

恋爱、婚姻、家庭

齐鲁书社
·济南·

图书在版编目（CIP）数据

恋爱、婚姻、家庭 / 陈志新编著. -- 济南：齐鲁
书社, 2024.9. --（陈志新通识课）. -- ISBN 978-7
-5333-5026-0

Ⅰ. C913.1

中国国家版本馆CIP数据核字第2024NF1098号

策划编辑　赵自环
责任编辑　孙本民
装帧设计　亓旭欣

恋爱、婚姻、家庭
LIANAI HUNYIN JIATING

陈志新　编著

主管单位	山东出版传媒股份有限公司
出版发行	齐鲁书社
社　　址	济南市市中区舜耕路517号
邮　　编	250003
网　　址	www.qlss.com.cn
电子邮箱	qilupress@126.com
营销中心	（0531）82098521　82098519　82098517
印　　刷	山东华立印务有限公司
开　　本	880mm×1230mm　1/32
印　　张	6.25
插　　页	2
字　　数	127千
版　　次	2024年9月第1版
印　　次	2024年9月第1次印刷
印　　数	1—3000
标准书号	ISBN 978-7-5333-5026-0
定　　价	48.00元

总　序

　　我生于 1967 年，1987 年考上大学，学习图书馆学专业。在图书馆工作 5 年之后，我考上图书馆学分类法方向的研究生，再次工作已经 31 岁了，来到北京师范大学从事图书馆学专业的教学和科研工作。

　　2014 年，我到北京师范大学珠海分校（今珠海校区）工作，2016 年重回北京师范大学（北京校区），我却不能给大学生上课了。这如同农民不能下地种田，工人不能进厂做工，学生不能上学一样，我既震惊又茫然，竟一时无所适从。

　　2017 年，我 50 岁，心里掂量着未来，便开始重新规划退休前的十年。我决定不再专注于自己陪伴了 30 年的图书馆学专业，不再局限于图书馆学专业教育和科研，打算从事基础和普及性的工作，服务更多数、更广泛的大学生和研究生，将心思和精力用于通识课（一些大学称为"博雅课"）的教学上来。

　　北京师范大学研究生院提倡方法论教学，我为此积极准备

《社会科学研究方法引论》课程。研究方法课程，角度狭窄，将这个课程准备得差不多后，我马上又转移到包含一切社会科学的《社会科学概论》课程。大学生关心恋爱、婚姻、家庭，这也是属于年轻人即将要经历的重大事项啊。结合自己的婚恋、家庭和养儿育女经历，我也把这门课程准备好了。

一门《社会科学概论》课程，要把哲学、逻辑学、伦理学、美学、心理学、宗教学、社会学、人口学、管理学、民族学、人类学、政治学、法学、军事学、经济学、新闻与传播学、图书情报学、教育学、语言学、文学、艺术学、历史学等通通都讲一下；《社会科学研究方法引论》和《恋爱、婚姻、家庭》课程也涉及很多。三门课程，内容如此丰富，跨度如此之大，我事先又没有相关方面的基础和准备，只能通过阅读大量文献，将我认为适合课堂上给大学生讲述的内容，转录进我的讲稿里。所以，三本书里展示的几乎一切题目和问题，以及对几乎一切题目和问题的论述和阐述，完全不是我的智力劳动，更完全不是我的创新和创造，我只起到了一个蜜蜂的作用，采取百花，搬运蜜糖，转给学生。这些被我采摘过的文献，在每本书的最后，都被标注成参考文献，特别感谢各位前辈作者们！书目里列举的书籍，使用情况不一：有的书籍，能从中连续选出几十个问题；有的书籍，仅能选出一两个问题；有的书籍，虽然列举了，却完全没有从中直接选取任何东西，但或许在某种程度上影响了我的备课。

我在备课中，每一门课程都要在几个月最多半年之后的时间里给学生讲出来，很匆忙。当时，我单纯为了讲课，根本没有出版的计划，完全不用考虑知识产权的问题，这样，备课引用其他著作的时候，也没有标注出处。正式讲课之后，才生出了出版的念头，再想回过头来认真标注材料的出处，已经不可能了。于是，我把讲课过程中产生的自我发挥和自我联想，穿插进已经采摘来的材料之中，尽量重新酿造一下：改动几处字词，调整一下语句，做一点评述，加入一点自己的理解。这些整理、发挥、补充、改变、润色，不可否认，有避免侵犯著作权的因素，但最终目的绝不是为了掩盖原始素材的真实来源，真实来源我不想掩盖也无法被掩盖。引用比较多、印象比较深的十几本书，我现在还能清晰地记忆，在正文中予以郑重说明，在文末参考书目列表中再次标注出来。另外，零散引用或者记忆不清的，只能列在整部书后面的参考书目里，并予以标注。"天不生仲尼，万古如长夜。"智慧师长贤达，浇灌鄙人小书，躬身叩首，万分感谢！

　　除了大量摘录正式出版物，我还找出了 1995—1998 年在北京大学念书时候（主要是 1996 年）的听课笔记，一些内容亦被摘录进《社会科学概论》里，甚至也影响到《社会科学研究方法引论》和《恋爱、婚姻、家庭》两门课程的备课和写作。3 年北大硕士研究生的学习，我有一半的时间用于养病，真正有效的学习时间才一年半。但是，在这一年半时间内，我的收获依然巨大。草蛇灰线，伏脉千里。那个时候，我除了完成图书馆学专业的学习，还大量选修了北大文史哲等各个学科的课程。没想到 30 年后，竟然还能派上用场啊！这部分笔记，我也列入参考书目之中，一些课程，没能留下老师的名字；我所记下的名字，也许亦有讹误。我的专业课老师，后来一直能见面，常来常往。旁听课的老师，在我从北大毕业之后，就很少见到了。感谢北大，感谢母校，我是您万千儿女之一，无限感激，无限荣耀！

2017年以来，我在《社会科学概论》《社会科学研究方法》和《恋爱、婚姻、家庭》三门通识博雅课程的准备时期，发生了持续三年的新冠疫情以及我家第三个孩子出生等牵扯时间和精力的诸多事情，我的备课和写作工作，时断时续，时快时慢。今天，三本书以"陈志新通识课"的形式统一出版，万分欣慰，万分感谢！

含纳整个社会科学的概论课程和概论书籍，不同于专门学科的原理课和概论课，不追求系统性，不追求面面俱到。系统性和面面俱到，既无可能又无必要。方法论方面以及婚恋家庭方面的课程素材和书籍素材，只能通过大量阅读的办法获得。被阅读书籍作者的综合水平远超于我的，阅读的时候，整本书持续震撼着我；水平一般的，一部分内容依然震撼着我；水平低于我的，我从头看到尾，毫无感觉，它们不能为我的讲义和因之加工的书籍增添任何素材。我应该继续按学科，坐在图书馆按类排列的书架边，老老实实，大量阅读，最好博览群书，把那些看后让我心灵一动、眼睛一亮的材料，把适宜讲课的部分用问题单元的形式摘录过来，然后，再以学生的感觉和喜好为出发点，二次筛选出尽量能让学生惊讶、喜欢、有感觉、有启发的材料，献给课堂、献给书籍。以后，如果继续出版相关作品，我一定会注意详细标注材料的出处了。总之，活泼的、激动的、热血的、奔腾的知识，属于生活、属于学生、属于兴趣、属于激情。2027年，我将退休。如果我还能继续这个事情，该段话，写给自己；如果不能，则就写给您了！

北京师范大学：陈志新

2024 年 8 月

卷首寄语

一名大学生，进入大学之后，学校提供的很多课程，是为了让这名大学生能够承担起社会角色、走上工作岗位做准备。其实，一名大学生，毕业之后，除了需要进入社会和工作岗位之外，还需要进入家庭，家庭里面的学问同样不少。

过去，每个家庭孩子很多，每个人与父母以及与兄弟姐妹的互动非常丰富和多样。丰富多样的家庭实践，培育并锻炼了每一位家庭成员。家庭关系、规则、习惯、伦理的重要性不言而喻，而很多高等学校忽略了这方面的教育。全面二孩政策 2015 年开始执行，使得我们的大学生，大部分处于"四二一"的家庭结构里，其家庭联系浅显、家庭实践贫乏。关于恋爱、婚姻、家庭方面的引导和教育，大学之前讲不现实；大学之后讲则有点晚，同样也不现实。

所以，让身处大学生、硕士、博士研究生阶段的年轻人，接受一点恋爱、婚姻以及家庭伦理方面的教育非常有必要，我希望同学们顺利进入家庭，健康抚育后代以及享受家庭幸福。家庭的和谐、美满、幸福和健康，必然会促进国家和社会的和谐、美满、幸福和健康。

恰好，北京师范大学与全国很多高校一样，倡导开设通识课。我已经五十多岁了，经历了恋爱、婚姻、生儿育女等诸多家庭实践生活。生我养我的那个家庭，随着父母的离世，虽然已经慢慢地离散开来，但是我们又聚拢起了一个新的热热闹闹的家庭。我对家庭、婚姻、恋爱感慨良多，于是，为响应学校的要求，在自己的专业之外，我选择了婚恋家庭这一主题，希望和同学们共同探讨这个亘古不变、千人千言、万人万语、说也说不尽的话题。

我在备课之余，完成了这部书。特别感谢三部著作：第一，《现代家庭伦理》（林建初著，安徽人民出版社 1992 年版），这本书的大纲框架非常好。第二，《家庭伦理心理学》（[苏]格列比翁尼科夫主编，江一勋译，西南师范大学出版社 1988 年版），该书较好体现了世界上第一个社会主义国家，在当时也是非常强大的国家——苏联，对人类精神生活和意识形态领域的卓越贡献。第三，《生活在家庭、婚姻、爱情的三维空间里》（张晓平、常文著，中国医药科技出版社 2003 版），这本书对这个主题讲述得最深入、最科学，我对这本书最认同，引用得也最多。

本书也许能在如下方面帮助同学们：增进与父母的亲情关系，增进与兄弟姐妹的亲情关系，增进与亲属的亲情关系，增进与相关人的亲情关系，增进与社会一般人的亲情关系，增进与中华民族的亲情关系，增进与中国的亲情关系，增进与其他国家人民的亲情关系，增进与世界自然乃至宇宙的亲情关系。

　　"同学们！你们与自己的父母有隔阂吗？这门课上完以后，你们一定会有改变！同学们！你们与自己的父母亲密吗？这门课上完以后，你们一定会更亲密！你们对社会、国家、世界冷漠吗？上完这门课，你们将对社会、国家和世界充满热情。"这是我在该课程推荐导语里写的话，也许言过其词了，但饱含着我的真心和期待。

　　真心期待！

2024 年 7 月

目 录

恋爱、婚姻、家庭

content

Love,Marriage,and Family

目　录

恋爱、婚姻、家庭

content

Love,Marriage,and Family

第一章

引　论

一、"中道理"：北大原校长林建华与钟国兴的对话

研究学习型组织，写过《孔子是个好老师》的钟国兴，在林建华任校长期间接受北大邀请，二人进行过一次访谈，访谈内容围绕着"如何解决思想品德修养课让学生更感兴趣"的问题。

钟国兴说："思想品德课不要给学生过多讲大道理，因为大道理地球人都知道；不要给学生过多讲小道理，因为老百姓都会讲。应该多讲'中道理'，让学生能受启发，也有用。"

林建华听后抬头想了想，然后笑着一再点头："中道理、中道理、中道理，哈哈，中道理好，就缺中道理！"

本书的写作，也是如此，重点讲述"中道理"。

比如，讲乱伦这个话题。

大道理：人不能发生乱伦行为；性行为只能与自己的爱人发生；必须在婚姻关系中发生性关系，否则就变得不纯洁了，以后怎么组建自己的家庭……

小道理：百姓嗤之以鼻，冠名"吃屎"来形容乱伦，恶心之极。

大道理是不用说的，说了也几乎没用；小道理太局限，也是

不用说的。

我们更愿意讲"中道理"，在本书中会有三处讲到这个话题。

整体上，对于恋爱、婚姻、家庭的话题，我们一般也愿意讲那些属于"中道理"的道理。

二、公共伦理、职业伦理和家庭伦理

人存在于社会中，从事某种职业，进入某个家庭，社会公共生活、职业生活、家庭生活是大部分人的三段基本生活。与此相适应，人类所应遵循的社会伦理也可以划分为三大部分：社会公共伦理（社会公德）、职业伦理、家庭伦理。

在家庭生活中，家庭成员之间建立起各种各样的关系，例如夫妻关系、亲子关系、兄弟姐妹关系、婆媳关系、妯娌关系、祖孙关系等。和谐相处、共渡难关的情形大量存在，公说公有理婆说婆有理、清官难断家务事的情况也大量存在，家庭关系表面看来似乎很简单，实际上十分复杂。

在伦理关系中，家庭伦理关系和其他伦理关系相比具有更大的稳定性，对人们的行为以及社会公德和职业道德起着更为根本性的影响和作用。

三、伦理即善恶

道德的恶有两种基本表现形式：肉欲无度和极端自私。前者如纵欲、放荡、懒惰、轻浮和怯懦，把生活交给特殊的感官冲动去支配而产生种种弱点和恶行。后者如贪婪、不公和恶意傲慢，指那些威胁周围人利益的恶行。肉欲驱动自私，自私才能获得资源，用于实现肉欲，这是伦理之恶的自我循环模式。

如果一个人的人生观、道德观、价值观、世界观是错误的，那么这个人无论做什么，都会带上不好的意味，表现得非常渺小、无力、没有意思更没有意义。

在没有作恶的情况下，他一生所做的一切，都会带上渺小、猥琐、混乱、低级的意味。如果他公开明确作恶，后果则会更加不堪。

四、曾国藩的家庭伦理思想

曾国藩的家庭伦理思想概括为孝悌、勤俭、睦邻、教化四个方面。

孝悌思想包含：孝敬父母、兄弟和睦、先于孝而后于忠三个方面；

勤俭思想包含：以勤为第一要义和崇俭戒奢、勤俭益德；

睦邻思想包括：深谙盈虚之道，亲和近邻与家和福自生；

教化思想包含：戒骄戒傲、立志敬恕两个方面。

五、家庭成为人类幸福永不枯竭的源泉

人一生最主要的生活时间在哪里度过？答案一定是家庭。过去，人的一生，五六十年；今天，则是快到一百年的时间。从出生到死亡的人的一生，大部分时间在家庭中度过。首先是父母或祖父母的家，然后是夫妻二人的小家，再后是自己的子女也生养了子女后的大家庭。

夫妻相互的爱情；父母对儿女的爱，对儿女和对社会的义务感和责任感；儿女对父母及长辈的爱，对父母的责任感和尊重，所有这一切使家庭成为人类幸福永不枯竭的源泉。

六、家庭伦理关乎幸福之本

我们大多数人从摇篮到坟墓，大多的时间在家庭中度过。虽然每个人的家庭生活方式各不相同，但是家庭生活境况不外乎两种：幸福的和不幸的。

有些人的家庭生活很幸福，令人羡慕不已。家庭不仅是其生活的小天地，还是爱情开花结果的绿洲，是长途跋涉的旅店，是大海航行的避风港。

而有些人的家庭生活很不幸，令人同情嗟叹。家庭简直是一座感情的坟墓，是一个套在脖子上的枷锁，是一杯难以下咽的

苦酒。

当然，极好和极差的家庭都是少数，大多数家庭处在一种中间状态：说不上幸福，也说不上不幸。

家庭境况的好坏，由多方面原因促成。从宏观上说，社会政治的动荡与安定、社会经济的繁荣与萧条、自然环境的正常与反常，都会直接或间接地影响人们家庭生活的幸福。从微观上说，家庭经济条件的好坏、家人的职业工作是否顺利、家人的身体是否安康，也会直接或间接地影响家庭生活。然而，这些不是影响家庭幸福的主要原因。影响家庭生活幸福与否的更重要的原因是家庭伦理。

托尔斯泰说："幸福的家庭总是相似的，不幸的家庭则各有各的不幸。"其实，从家庭伦理的角度看，不仅幸福的家庭总是相似的，不幸的家庭也总是相似的。这是因为，家庭关系不仅是一种姻缘关系和血缘关系，更是一种伦理关系。

家庭伦理关系牵动着我们每个人心灵深处最隐秘的情感，形成了种种伦理情操，例如爱与恨、无私与自私、崇高与卑鄙、良心与义务、尊严与羞耻、博爱与嫉妒、大度与偏狭、冷酷与慈悲、同情与冷淡、宽厚与刻薄等。这些伦理情操占据了人们感情生活和精神世界相当大的比重。如果家人具有比较高尚的伦理情操，守护正当的伦理准则，那么家人之间的伦理关系就比较和谐融恰，家人就会感受到精神上的满足，家庭生活就会幸福；如果家人的伦理情操比较低下或者参差不齐，实践不正当的伦理准则，那么家人之间的伦理关系就不和谐、不融洽，甚至导致对立和冲突，家人就会感受到精神上的折磨和痛苦，家庭生活就不会幸福。这是影响家庭生活境况的最深层的原因。

随着改革开放的深入，西方家庭伦理观念也正在通过各种渠道日益广泛地传入我国，与我们传统的家庭伦理观念发生了尖锐的冲突。与世界百年未有之大变局相一致，我们的家庭生活和家庭伦理也正在发生重大变化。许许多多家庭发生了男女角色转变、未婚同居、第三者插足和婚姻家庭不稳定等现象。悲欢离合是好是坏？世风日下是文明还是退步？家庭生活和家庭伦理将走向何方？我们究竟应当建设一种什么样的新型家庭伦理关系呢？

这是一个社会难以控制和难以规定具体行为准则的领域，是依靠个人良心驱使并控制的个人领域，然而恰恰在这个领域里，陈腐的或荒唐的观念颇有市场。在学术界，学者们多从社会学的角度着重从外部研究现代家庭的结构、功能、管理等外在形态，却很少有人从伦理学角度去着重从内部和内在的角度研究现代家庭伦理关系、伦理准则和家人的伦理情操等问题。

本书希望与同学们、朋友们一起来探讨这个问题，用马克思主义的基本观点来观察、分析、阐述我国当前的家庭伦理问题，探讨用新的家庭伦理来代替旧的家庭伦理。当然，历史是不能割断的，建设现代家庭伦理并不排斥批判继承传统家庭伦理和西方家庭伦理的优良成分，只要它有助于我们的现代家庭伦理，我们就一并拿来。

七、家庭伦理为什么要倡导社会主义和集体主义

基于社会主义和集体主义原则，在学生集体中、在青年男女之间建立正常和谐的关系非常重要。如果在集体里充满了信任、尊重、礼貌、平等、友谊、互助等感情和气氛，将会杜绝两性关系中的粗暴、轻率和虚无主义。

八、良好家庭是教育和努力得来的

良好的家庭不是自发产生的，不是天然的，不是天生的。它是夫妻双方不断努力的结果：在这些努力中，既包含自我教育，也包含相互教育和对孩子的教育。

本书的基本目的，是为了培养建立正确的家庭内部关系和教育未来子女的能力，培养对不正确的家庭观念的识别能力和抵御能力。

第二章

个性、家庭与社会概述

一、个性在家庭生活中为什么是重要的

家庭是由夫妻双方共同建立的，他们的个人幸福、未来家庭和孩子的幸福在很大程度上取决于夫妻双方所接受的教育，取决于他们各自形成的个性品质。人从降生时起便被列入某一确定的、历史形成的社会关系中，人从一开始，就不是完全属于自己的。所以，个性是人的社会特性，个性被理解为社会现象也是马克思的观点。这样，恋爱、婚姻、家庭聚合的男女两性关系，对方不仅带来了以性别为主要特征的社会关系，也带来了以对方为中心的复杂的社会关系。实质上，恋爱、婚姻、家庭是两种社会关系的聚合、融合。

个性不是唯我、幼稚、无理、无知和执拗，只有具备一定心理和社会发展水平的人才能被称为有个性的人。有自己的观点和态度、自己的道德要求和道德评价——这才使这个人变得相对稳定和具有主见，才能具有达到人生目标的能力。人的个性来自社会性，把更多的社会性装进人的自身内部并予以发展提升，才能称为个性。

　　个性必不可少的特征是它的积极性和主观能动性，这在人生危险和磨难中体现得最为明显。不把责任推卸到别人身上，不盲目相信环境，甚至不顺从环境，而是与环境抗衡，表现自己的意志、性格，具有积极昂扬向上的个性，这对于战胜恶劣环境、实现自我目标、实现人生价值、创造社会意义都极为重要。这样，作为个性的人便具有了成熟的心理和社会发展水平，他有能力驾驭自己的行为和活动，有能力在某种程度上驾驭自己的心理发展，自己真正地成为自己的主宰者，进而对社会关系也产生重大的反作用和塑造作用。

　　个性能区别个人和其他的人。每个人都按自己的方式感觉和理解周围的世界，都有自己独特的记忆、思维和注意的特征，都有自己的独特的想象、兴趣、同情、依恋和情绪特征，都有自己或大或小的情绪感受力、或强或弱的意志力、随和或难以相处的性格等。上述的一切，组成了最深邃、最细微、最难以测量的事物——这是人内心的"自我"。

　　每个人必须明白并记住：复杂的内心世界和鲜明的个性不仅自己具有，他周围的每一个人也都具有。要是在我身旁的人与我有所不同，那么这并不意味着他比我差或比我强，他不过是另外一个人而已，我们需要努力去了解这个另外的人，他有他的个性特征，有他强或弱的方面。每个人不仅要善于了解自身、自己的愿望、可能性、行为，而且愿意并应该能够理解周围的人以及自己的亲人，愿意设身处地、感同身受地考虑他们的利益、愿望、志趣、习惯和情绪，这正是具有个性发展水平的人的突出特点。

善于识别出别人最有实质性的特征，确定其行为和情绪的真实目的，善于对可能产生的矛盾与分歧特别是家庭中的矛盾与分歧做出正确的反应和处理——这是人的心理和社会发展水平的重要标志。

二、爱恨比例与行为趋向

世界上没有无缘无故的恨，也没有无缘无故的爱。人的习惯不是天生的，人通过大量的社会实践活动在自己内心深处形成对人和事物的本能反映。爱和恨构成了指导人思想和行为的依据和根本。

一个人的人生感受，当爱超过恨时，人就会接受人类最基本、最美好的价值观——生命的意义就是关心和帮助别人，将自己的生命化为诸多而持久的善行善为。

一个人的人生感受，当恨超过爱时，人将会接受最自私、最险恶的价值观——自己的利益已被剥夺殆尽，今生今世，只能计划着何时剥夺别人以及怎样剥夺别人，不择手段地攫取别人的财富甚至剥夺别人的生命。

当爱和恨在灵魂中均衡时，人的行为就会变为事不关己、高高挂起，得过且过、独善其身。

当爱和恨在灵魂中交替时，人的行为就会表现得前后矛盾、反复不一。

雷锋的行为反映了他对人类的爱。尽管他的手臂上有被地主婆菜刀砍过的伤痕，但是在新中国成立初期，他在送一位老大娘回家的时候绝不会问她是否当过地主婆。他灵魂中的爱使他的行为在平凡的事情中达到了人类最崇高的境界。雷锋的爱来自于党和他的亲人、邻居对他的关怀，来自于他感受到的人民解放之幸福，来自于他对共产主义的信仰。雷锋的伟大之处在于他将共产主义信仰贯穿在他平凡而又短暂的一生中。每一个正常人都可以偶然做到雷锋的行为，但是只有具备共产主义信仰的人才能不断重复雷锋的行为，而且会在不同的时期和不同的环境中采用不同的方法去关心和帮助别人。

鲁迅先生对旧社会的恨反映在他辛辣讽刺的杂文里，他在临终时说的"让他们怨恨去，我一个都不宽恕"就是他灵魂里对敌人的恨。鲁迅的恨来自于清政府的腐败无能，来自于部分蒙昧国人的麻木不仁；鲁迅的恨来自于为了满足母亲的要求而不得不接受包办婚姻；鲁迅的恨还来自于周围御用文人对他恶毒无耻的攻击。然而，鲁迅的一生恨和爱交织着，"横眉冷对千夫指，俯首甘为孺子牛"。

三、个性中的兴趣、信念和能力三要素

兴趣指从情绪上对人有吸引力的事情。比如，对学习、科学、艺术、运动、劳动发生的兴趣会激发起相应的活动。兴趣首先表现在注意力上，当一个人对一件事产生了兴趣，做起来便很轻松且富有成效，在这个领域也一定会取得成果。

人们之间的差异表现在：一些人对很多有意义的事情都抱有浓厚的兴趣，而另一些人则几乎对一切事情都提不起精神，更不要说感兴趣。

没有或缺乏兴趣会使青年男女的生活变得黯淡无味，以致阻碍他们个性的形成，在家里感到烦恼，在学校里即使和同学们一起也感到烦恼。他们学习不带劲、不快乐，只求能尽快摆脱烦恼；他们甚至对娱乐也不感兴趣，总是郁郁寡欢；今后他们也可能对自己的工作毫无兴趣，把它当成人生的包袱。这种人缺乏创造性的探索精神，难能有所发现，毫无劳动热情。最可怕的是，他们自己也将逐渐变成一个让别人不感兴趣的人，和他们一起没有什么可谈的，没有什么可以为之感动的，也没有什么可以为之向往的。于是，这样的人，很可能会逐渐陷入孤独的状态。

兴趣是最好的老师，但我们不仅要学习那些让我们感兴趣的东西，做那些让我们感兴趣的事，也要考虑义务、职责和道德的概念，即从人的信念、理想和意义的角度想问题。兴趣能调整人的行为，信念也能调整人的行为，信念也是支持人做事的重要动力。

或者基于兴趣，或者基于信念，做符合自己兴趣的事情，做符合自己信念的事情，积极生活、乐于思考、勇于实践、勤于总结，逐渐形成完备的能力。能力从根本上决定了完成某种活动的具体效果，能力也和人的其他心理特性一样，是在生命和活动的过程中形成与发展的。

年轻之人，朝气蓬勃，有兴趣、有理想、有向往、有梦想，应该勇于攀登，形成完备的能力，才能大展宏图。

四、个性的分工协作——集体主义与家庭

人的社会共同性的体现形式是集体，集体有着共同的目标，怀着对社会有益的动机，联合起来，从事着共同的活动。集体可以指家庭、单位、团体、国家、国际社会乃至人类命运共同体。

集体主义支配和引领着集体活动，这是个人与集体团结一致的情感、荣辱与共的情感、有苦同担有福同享情感的总和。

家庭由夫妻二人建立起来，其中每个人都有自己的个性和自我，家庭把带有个性的自我联结成我们，是社会集体中的最小单元。

集体主义，不仅是社会和国家所必须重视的，也是家庭所必须要重视的。集体主义，是国家、社会、单位、团体的黏合剂，也是家庭的黏合剂。个人主义，是国家、社会、单位、团体的离散力量，也是家庭的离散力量。

五、在家庭中涵养个性，避免冲突

个性专属于自己，不同于他人。不同的东西会冲突，相同的东西会沉默。冲突和沉默，都不是家庭的最佳状态，家庭应该使两个乃至多个人的个性得以涵养和继续发育，家庭成员尽量互相包容，不要互相干扰和打扰，尤其应该尽量避免冲突。

具体而言，男女因个性不同才需要结合为家庭。所以究其本质，个性不是冲突的内因，个性的表现方式和表现特点是气质，气质才是最主要的冲突根源。

包括家庭生活在内的人际关系中，如果经常发生冲突，其原因常常是我们没有很好地估计到自己或别人的某些气质特征，比如冲动、迟缓、急躁、敏感、易受挫伤等。事先能够预料到，就会有所准备，就会让冲突和不快减少一些。

气质的某些缺点能在不断自我修养中得以修正和消除，气质也有积极有利的一面。如果善于利用自己的气质特点，就能在活动中、在个性的完善中取得明显的成就。

六、家庭生活的训练是个性和谐发展的条件

苏霍姆林斯基认为，婚姻的物质方面退居第二位，而家庭生活的精神内容变成了第一位。忠实而纯洁的爱情在于收获家庭、收获到彼此的精神提升和完善。

如果彼此间毫无贡献，那么他们很快便把那一点仅存的吸引、激情和热情消耗殆尽，进而相互产生厌倦，以致发生口角，最后会导致关系破裂。

当然，他们可以不在精神的贡献上，而在追求物质主义上团结起来，并以家庭物质利益作为维护家庭的理由。但是，物质主义的家庭不长久、不稳定。这种情况，与其说在家庭与社会之间架起了桥，还不如说筑起了墙，这种家庭的精神价值是不大的。

家庭如果只有物质的一面，就很难走出家庭的围墙；有精神追求的家庭，才能迈出家庭的大门，走向更广阔的空间。

家庭的宝贵财富之一便是孩子。父母生养子女，形成血缘关系。孩子的诞生，也意味着父母的第二次诞生，夫妻二人的自我都在孩子身上重现一遍，生儿育女不仅是为了繁衍后代，而且为了在道德品质上让后代高于上一代。要达到这一目的，父母必须考虑给孩子传递一些新的东西，思考应该重视什么、该规避什么……没有反思的人生，是不值得过的人生。因而，成年人的自我和个性，在培养孩子的过程中，会得到今生最深刻的反思、最大幅度的调整，这让人类更好地进化且绵延不断。

在爱情和家庭生活的问题上，起决定作用的总是人的普遍能力：他的政治与道德面貌，他的发展，他的工作能力，他的诚实，他对祖国的忠诚，以及他对社会的热爱。爱情并不神秘、不复杂，爱情水到渠成，爱情和家庭连接着人们的生活、学习和工作。

什么东西妨碍一个人成为幸福的人？以自我为中心的人不可能给别人以幸福，同时这个人也将远离幸福。学会爱人——这就意味着在自己身上已经培养出未来最珍贵的个性品质，这也将是继续经营、建设未来幸福家庭的最重要的个性品质。

家庭里小孩子的成长也是如此。学会爱人，是小孩子在家庭里获得的人生最重要的技能之一。如果小孩实实在在地爱着母亲、父亲、奶奶、爷爷、哥哥、姐姐，那么他一定渴望为他们做点什么事情，这将为他长大以后的人生实践，奠定一个基本的框架。

年轻人事实上还没有自己的小家庭——一些人一迈出校门就

组成家庭，另一些人则需要一定的时间。现在，你们生活在父母的身边，经常产生彼此不能谅解的冲突情境，和朋友争执也不可避免。你们回忆一下，如果你们不能了解自己产生的那种怅然若失的情绪，或者由于不会抑制自己的情感而产生的那种尴尬情绪。那么，一旦你结婚了，组建自己的家庭了，对于你的爱人，你也会发生不了解配偶的情况。如果不能很好地管理和控制，一定会产生各种麻烦的。所以，在自己还没有进入家庭之前，通过与自己、同学、同伴、同事的交往，来训练家庭能力，坚持帮助别人，坚持关爱别人，坚持宽容别人，是很有必要的。

此外，了解自己的性格特征，了解自己的兴趣和能力，明白自己的个性的所在，懂得在自己身上必须发展哪些能力，以便同别人的交际更加顺畅；懂得自己身上哪些个性和特点是不需要且有害的、是应该修正和改掉的，以便于更好地同别人交往和合作。

七、家庭伦理的受限方

家庭伦理与其他社会伦理一样，归根到底是由社会的生产方式决定的：有什么样的社会生产方式，就有什么样的家庭伦理。社会生产方式变化了，家庭伦理也必然或迟或早会发生变化。因此，不同社会有着不同的家庭伦理。原始社会生产力低下，群居才能抗御恶劣的自然环境，会存在群婚的社会现象，这是家庭伦理受限于生产方式的结果。私有制造成了男女不平等，家庭伦理存在着大量不健康的因素，这些都是生产方式决定家庭伦理的具体表现。

同时，家庭伦理是社会上层建筑的组成部分，例如政治、法律、文艺、科学、宗教、风俗等社会上层建筑，对家庭伦理亦产生着重大而深刻的影响。因此，不同阶级、不同集团、不同民族、不同国家有着不同的家庭伦理。适用于一切时代、一切社会和一切民族的家庭伦理并不存在。

总之，伦理不是天外来物，不是天然的东西，经济基础和上层建筑决定伦理，决定家庭伦理。在强大的经济基础和上层建筑面前，家庭伦理显得脆弱不堪。所以，面对一些伦理问题和伦理困境，我们要有理性的一面。同时，家庭伦理的更大价值和更大意义，也常常表现于发自人类自身内心深处的召唤和命令，这让家庭伦理超越社会、政治、经济乃至文化的层面，发出奇异而壮美的绝唱，指引着人类社会向更加文明、更加有爱的方向发展。

八、家庭伦理的特征

家庭伦理与其他社会伦理相比，具有明显的个性特征。

夫妻之间的感情关系和两性关系是本能、是人世间最自然的关系，而家庭都以婚姻为起点，以血缘为纽带联结起来。家庭成员个人依据不同性别、辈分担任不同的家庭角色，共同组成一个天然的家庭关系。同辈人或几辈人之间交流和传递思想感情，这是其他社会关系所没有的特性。家庭是天然的，因此，家庭伦理作为调节这种家庭关系的行为准则和内心信念具有天然性。

家庭成员之间的关系，尤其是父母与子女、兄弟姐妹之间的血缘关系，是无法解除的关系，也是最持久的关系，而且家庭关系将世世代代延续下去，这也是其他社会关系所没有的特性。因此，家庭伦理作为调节这种关系的行为准则和内心信念，具有持久性。

家庭成员之间荣辱与共，有福同享有难同当。家庭是人类命运共同体的最小单元，家庭伦理关系不同于一般的伙伴关系，不同于单位同事关系，其内在利益和内在情感，最最紧密地联系在一起、绑定在一起。因此，家庭伦理关系是一切伦理关系中最稳定、最可靠的，家庭伦理关系具有稳定性和可靠性。

家庭生活包含物质生活的一面，家庭的物质财产秘不外宣，自我继承；家庭生活还包含精神生活的一面，诸如性爱交往、繁衍后代和亲子感情等，都是只与当事人有关的密不宣人的隐私，属于人们私生活的范围。对此，社会无法控制也无法规定其具体的行为准则，这也是其他社会生活所没有的特性。因此，家庭伦理作为调节家庭关系的行为准则和内心信念，具有隐秘性。

九、幸福家庭的三个条件，年轻家庭的一个条件

幸福的家庭必须同时具备三个条件：一是有相当的物质财富，二是身体健康，三是有良好的德行。物质财富和身体健康，总体上都属于家庭物质方面的因素；德行和伦理，是精神方面的因素，

德行又是格外最重要的条件。所谓德行，就是指家庭成员的道德品行，即家庭伦理。

人之所以为人，更重要的在于人有精神生活。人们在家庭生活中，如果仅有富裕的物质生活和健康的身体，精神生活却浑浑噩噩、贫乏空洞，例如夫妻之间没有爱情、家人缺乏崇高的理想和美好的情趣，他们可能会感受不到太多的幸福。所以，家庭伦理在幸福家庭的三个条件中处于核心地位。

整体而言，物质财富、身体健康和家庭伦理是中老年人家庭幸福的三个要素。对于年轻人，尤其是对于即将要进入家庭以及刚刚组建家庭的年轻人来讲，第一，物质财富一般很少，即使有也仅代表其父母的经济水平。如果父母给了过多的物质财富，年少夫妻物质基础方面没有从零起步、没有白手起家，多会扭曲夫妻的精神生活和对未来的期待，以为未来的人生时光总会有像自己父母这样，为自己的小日子随时提供一大笔物质供给。然而，父母总会老去，经济后援不再，自己却没能练就获得物质财富的本领。年少夫妻之福享尽，就要面临中老年时候的夫妻之苦。所以，正常和应该的夫妻关系，一开始，应该缺少物质财富或者具有很少的物质财富，这才是婚姻的常态。第二，年轻小夫妻，身体健康一般不成问题。如此看来，物质财富不要奢望，身体健康没有问题，那么道德品质和家庭伦理将成为婚姻家庭的重要因素。所以，年轻人，你们向往幸福家庭吗？一定要专注道德品行，一定要专注理想信念。这样才是年轻人的家庭幸福，才是有别于中老年家庭幸福的特别之处。

即使对于中老年家庭，物质财富和身体健康如果能兼备当然更好，家庭生活会更加快乐；如果没有，快乐会减少，幸福却未必减少——幸福和快乐，略有区别。

十、侧重不同的家庭伦理

在家庭生活中，由婚姻而结成的夫妻关系和由血缘而结成的亲子关系，是两种最基本的关系。

事情不可并重，身体一时不可两处，家庭生活也必然存在两种侧重不同的伦理观念，一种以亲子关系为核心，另一种以夫妻关系为核心。

这两种核心，从长时间维度和整体的角度上看并不矛盾。以亲子为核心，就是以夫妻为核心；以夫妻为核心，亦是以亲子为核心。这只是语言分析和语言表达的歧义和偏差而已，现实中是不存在这种划分和区别的。亲子中心和夫妻中心是一个事情，是一体两面的，并无矛盾之处。

我们坚决反对这样的说法："传统家庭以亲子关系为中心而不是以夫妻关系为中心。与此相适应，传统家庭伦理以义务为基础，而不是以爱情为基础。"不要以为只有我们现代人才有爱、才有夫妻之爱，别以为古人就是没有爱。我们不认识古人，别替古人操心和担心，不要乱可怜古人，乱对古人发同情心。我们不要把古人描绘得特别悲惨，借此获得某种优越感和超越感，从而得到快乐。多读一读中国的古籍，从先秦到明清的书籍，就绝对不会得出那种古人很可怜、很悲惨的感觉，相反古人也是很现代的、很时髦的、很有趣的，至少不比我们傻和呆。

十一、一夫多妻制和一夫一妻制

一夫多妻和一夫一妻是由原始群婚演化而来的两种平行的婚姻序列和婚姻现实。

我国自春秋始，一直到清朝末年，婚制是一夫多妻制，每个男人都有多妻的权利。普通百姓大多不能将这种权利付诸现实，是由于其经济条件的限制，并非婚制对他们另有规定。只要经济条件许可，他们随时可以行使多妻的权利。

一夫多妻是中国传统婚姻制度的核心，其本质是男性对女性的压迫。当然，后来按照封建礼法，实际是一夫一妻多妾，妻子只能一个，妾可多人。即使如此，一夫多妻制的时间太长了，对中国人的性别角色认同依然产生了很大的负面影响，依然对今天的婚姻具有相当的腐蚀性和侵扰性，其集中的体现便是大男子主义对现代婚姻的破坏和损害。

新中国成立之前，婚姻制度主要限制女性，一个女性，只能有一个丈夫；1950 年颁行《中华人民共和国婚姻法》实行一夫一妻的婚姻制度，对男女都做了限制。一个男人，只能有一个妻子，从本质上实现了真正的男女平等。

古代稳定的婚姻关系以及夫妻恩爱、从一而终的伦理纲常，是婚姻摆脱原始社会群婚蒙昧的基础。现代社会，时常会出现离婚随意、结婚多次的现象，这是对一夫一妻制度的嘲弄和践踏，甚至是对原始群婚的倒退回归，是在践踏整个现代社会和现代文明的伦理根基。

十二、九曲回肠人生路：教育和家庭的话题

第一，家长和老师为孩子们的付出。

有人说，恋爱的时候智商为零。刻骨铭心真诚相恋时候的一幕又一幕，说的话，办的事，过来人在今天想一想，不酸掉牙、不嘲笑一下自己才怪呢。

智商下降，情商骤升，超越世俗，这是一生一次的伟大恋爱呀。

恋爱婚姻的时候，人本能地让自己的智商下降。紧接着，父母养孩子了，本能依然驱使父母们降低智商。当然，一部分父母，生完孩子后不陪伴孩子了，迅速回归社会，智商又迅速攀升。

语速放缓、表情幼稚，一会儿扮小鸡、一会儿扮小鸭，一会儿汪汪汪、一会儿哼哼哼……这种状态，一定不是激烈竞争的社会人的状态，这种状态，在社会上一定会受到打击。所以，一些家长的人生低潮，往往出现在自己孩子很小的时候。

孩子却是非常喜欢这种状态的父母，换句话说，父母为了照顾孩子，把自己的心思放下了，主动把自己的智商调低，这是孩子喜欢的。

从某种意义上说，父母就像孩子。而脱离孩子的状态，一点

也不像孩子的父母，没有孩子的思维，就不是好父母。

老师呢？老师终日和未成年的学生们为伴，从某种意义上说，老师也成了孩子。脱离孩子的状态，一点也不像孩子的老师，没有孩子思维的老师，也不是好老师。

家长像孩子，老师像孩子，共同面向真正的孩子的养育和培育。

教育是什么？教育就是以孩子为中心，把家长和老师连接起来的工具。教育的目标是什么？教育的目标就是让孩子、家长、老师共同面向社会，面向国家，面向世界。

第二，孩子对家长的付出。

父母生了孩子，孩子在这个家里本能地要促进这个家庭的结合，促进父母的连接。怎么促进呢？孩子，本能地，要在性格、习惯乃至相貌等方面尽可能像自己的爸爸和妈妈。

如果一对夫妻，恩恩爱爱、欢欢乐乐、互相欣赏，孩子就会闪亮着眼睛，瞄准爸妈的优点，使劲儿成为父母的样子。孩子的劲头可足了：我又像爸爸，又像妈妈，把这个家庭，连接得天衣无缝。

如果一对夫妻，磕磕绊绊、互不包容、互相指责，孩子就会眼神暗淡，瞄准爸妈的缺点，使劲儿成为那个样子。为什么呢？大约下坡容易上坡难，退步容易进步难吧。学坏，很容易。再说，孩子也没看到什么美好啊。孩子首先会看爸妈互相指责对方，比如，"你放荡！""你臭美！"孩子就发现，原来放荡和臭美，是我爸妈的主要特色，是被鲜明指出的特色。我如何让我的爸妈连接呢？我需要既放荡又臭美，被指责放荡的时候，我的爸爸不孤单了；被指责臭美的时候，我的妈妈不孤单了。在孩子的世界里，这样就连接成天衣无缝的一家人了——傻孩子，这会毁了你。

所以有人总结，中小学教师、普通公务员、邮局职员和银行小职员的家庭，孩子比较容易成才。大富大贵、大起大落、官宦经商之家的孩子，不容易成才。平平淡淡、和和睦睦的家庭气氛，才是孩子的无价之宝。

第三，长辈对晚辈的付出。

日暮之人，是我们快要离开人间的父母。

一些极端情况下，"老糊涂""老而无德"是不孝儿女咬牙切齿地对老人说的两句最恶之语。

儿女们对爸妈的感情深浅不一样。糊涂的爸爸妈妈，硬要偏心的那个、亲近的那个，往往成了不真心待人的不孝儿女。爸爸妈妈在干什么？人生如果只想长生不死，世界也许就真的没有死亡了。此时，爸爸妈妈将生死早已置之度外，爸爸妈妈在连接、在重复我们孩子们都做过的事情——如何能撇开这个不孝顺的孩子呢，再不孝顺，也是我的亲孩子，也是你们的亲哥哥姐姐、弟弟妹妹。此时，只有爸爸妈妈，还怜惜自己创建的这个完整的家。

我们在家庭里面，敬老爱幼，和和美美。超越小家，放眼社会。爸爸妈妈，你们怎么时不时地，加个塞、揪一把菜、说句谎、少给人家一角钱……

孩子，你得和社会融合，你别清高，我就来一个道德失范，你老指责社会不好，你老爸老妈也这样，不能再指责了吧。亲爱的孩子，爸妈不值得你爱了，爸妈没用了，推陈出新，快送爸爸妈妈走吧……

这是长辈为儿女们的本能付出。

第三章

青年人际关系的特征

一、青年人际关系的特征

生活道路的被动选择与青年人的主动自觉成了这一年龄期的主要矛盾。他们如何解决这些问题，什么人用什么方式在这一时期对年轻人进行帮助，他们将得到什么样的"交际训练"，在很大程度上决定了青年男女今后人生的各个方面。亲密集体的力量是巨大的，同龄人影响的力量也是巨大的。

比如，在北师大，2000年前后大学生入学后宿舍随机分配。毕业后，不同宿舍的命运各不相同．某一个宿舍，人全都出国了；另一个宿舍，不及格的主要在这里；第三个宿舍，全考上研究生了；第四个宿舍，全都工作了……这种情况，今天大约还是如此……

二、交精神朋友而不是物质朋友

嫌贫爱富，就会找到有物质利益关系的朋友；扶危济困，则会遇到精神相融关系的朋友。

人会在同别人的情感接触中产生自尊感和受保护感。强者给你鼓励和信心，弱者给你理解和慰藉，两者都能让人获得巨大的精神力量。

三、交际失败怎么办

任何人在交际中一旦个人需求得不到满足，便会产生反感情绪，甚至在没有任何威胁可言时，他也会感到前途未卜、世事难料、烦躁不安。长期存在于不良关系中，人在性格上可能会出现根本性的变化。如果老是觉得自己的真诚行为受到冷遇和不为别人所理解，当面临丧失与别人交往的可能性时，他将体验到沉重的孤独和深深的寂寞。

交际失败，不同的人有不同的反应：一些人更多地谴责自己，另一些人指责别人，还有一些人归咎于环境。

交际失败，不要先入为主，需要实事求是，诊断原因，然后再行动。如果是自己的问题，要修正自我；如果是别人的原因，则需要理解、包容和善待他人；如果是环境的原因，则期待环境的改变或者自己改变生活环境。

对交际实在无能为力的话，就独善其身、积极向上，这是一种最高级的交际——自我的交际。

四、态度积极

高尔基曾告诫我们说："别以为人的身上恶多于善，请千万别这样看待人。"在交际中经常能展现出一个人对待别人的态度和倾向。疑心重，不能宽厚待别人的人很难与人相处。相反，那些能在别人身上看到长处，凡事往好处想，往积极的方向想，理解和包容别人的人，则有较大可能从对方身上获得积极的回报。

一个人，如果远离生活，离群索居，却经常抱怨没有任何人给他讲任何事情。是的，沸腾的生活，从不缺少积极参与的人们，大家只能逐渐把他给忘了。

五、交际节奏

交际节奏也称为交际强度，这是影响年轻人人际关系的重要因素。

给人造成惹人生厌、孤僻、不好交际的负面印象，未必是由于内在的道德伦理品质所形成的，也很可能是外在的因素。比如，交际节奏的问题处理不当，会造成因小失大、不可挽回的交际失败结果。

有的人，一见面就要多说话，显得非常热情。有的人认为，刚认识要少说话，注意分寸；有的人认为，可以谈家庭成员信息，有的则认为不可以，只有等充分熟悉经过很长时间相识之后，才可以谈这些。如果不能协调诸如此类的交际节奏问题，很多的人便会一言不合，甩手而去，失掉了交际的第一印象，随之也失掉了未来长期交朋友的可能性。

这些现象，只是交际节奏问题，并不是人内在性格和内在本质的问题。

总之，礼貌、分寸，对人无成见、无偏见，不强人所难，调整交际节奏，注意委婉等的诸多因素，是人际交往中十分必要的技巧。

六、同志关系

同志式的关系，即关心人，尊重人，帮助人。

什么地方人与人之间息息相通、荣辱与共，什么地方的同志关系便能得到发展。在同志式的气氛中，枯燥乏味的工作也不会使人感到累赘麻烦。同志关系的人们会发现并指出彼此具备的宝贵、善良、美好的品质。同志关系以永恒和依恋为特征，并对人们提出一系列重要义务：原则性、忠贞不渝、关怀他人、互相帮助、对缺点和道德上的毛病勇于批评、帮助。

同志关系最重要的要求是不侵害相互的利益，但也不因此掩盖缺点，要做一个善于批评和自我批评的人。

以同志为标准，以社会主义和共产主义作为理想追求来处理人与人的交际关系，将是美好而壮丽的。想一想雷锋，人与人的交际还成问题吗？

第四章

性　爱

一、性欲的多面特征

在人的各种欲望中，性欲是一种具有多个方面特征的欲望。

它既是最强烈的也是最可以忽略的：如果设定某些条件和特定追求，性欲最难满足；如果仅仅单纯满足性欲，它又最容易满足。

二、性爱的两种意义

按照恩格斯的说法，现代性爱有两种意义：一是互爱，一是强烈和持久。

前者要求双方平等，只有平等才能做到互相的爱；后者要求双方专一，只有专一才能强烈，只有强烈才能持久。一个人在一段时间里，不可能同时对两个或两个以上的异性发生同样强烈的爱情，他总是要在其中选择出一个更为钟情的对象。否则，就会陷入顾此失彼的困境。

三、爱情的自然因素

爱情的自然因素是多方面的，其中最主要的因素是性欲。

人从动物进化而来，人在进入社会之后，仍然保持着动物属性，继续遵从动物规律。人到了一定年龄，随着身体发育的成熟，都会产生性欲。这种欲望是人与动物共同的自然本能。

正如路德所说的："如果有人想抵抗自然的需要，因而不去做他想做和该做的事，那就犹如一个人希望自然界不再是自然界，希望火不会灼人，水不会打湿东西，希望人可以不吃饭、不喝水、不睡觉一样。"这当然是不可思议的。

历史上的禁欲主义和宗教伦理，把性欲与爱情完全对立起来，认为爱情是男女之间没有肉体接触的纯粹灵魂的融合，而性欲是卑鄙下流的、亵渎灵魂纯洁性的"魔鬼"。这种"爱情"只能是不食人间烟火的神的"爱情"，而不是人类的爱情。因为它违反了人的自然本性，性欲与爱情是统一的，而不是对立的。

四、性行为的生理目的：释放张力

人类性行为的目的主要表现在三个方面，即生育、寻求快乐和表达情感。当然，这几个方面不一定互相排斥，也可能同时并存。单就性行为的生理目的而言，释放张力是最根本的因素。

人类的社会活动使每一个个体在精神和肉体上承受各种各样

的变化和发展所带来的压力，为了应对这些压力，人体会不断分泌各种激素，刺激身体接受挑战，解决各种生活难题。

但是长时间的、过量的激素分泌会使人体内部的各种液体不平衡因而产生人体内部的张力，人体不断积累的张力主要是通过排出体液的方式释放掉。如果体内张力长时间不排除，人体必然会在某些薄弱部位发生病变，或者出现精神懈怠等精神方面的问题。

张力的释放过程有些是自动的，有些是非自动或是需要诱导而发生的。

（一）无意识地释放张力

人体最典型的张力自动释放方式是受到巨大惊吓而出冷汗。这主要是因为人体在受到巨大惊吓时会释放肾上腺素，同时也会使人体内产生极大的张力，如果不立即排除这种张力就会有生命危险，极个别的人被吓死就是典型例子。但是排除这种张力所需要的时间和强度已超过人的意识所能控制的范围，如果人的汗腺系统不发达那么就会通过不由自主的瞬间排泄来释放人体突然产生的张力，这也就是人们常说的被吓得屁滚尿流。

（二）有意识地释放张力

一个有意识减轻体内张力的方法是通过运动或各种行为人为造成排汗。激烈的体育运动和各种形式的蒸汽浴和泡澡等，刺激出汗，将人体内的水分排出，同样也能降低体内的张力。

（三）半意识地释放张力

性行为属于半意识地释放张力方式，它能释放人体内所有的张力，使人体暂时得到彻底的精神和肉体的放松。

人体通过性行为产生的性高潮在瞬间会释放人体内所有的张力。性行为过程调动了人体所有的肌肉和神经系统，刺激了人体所有的感觉系统，将人体内的张力增加到一个极限后突然释放。

通过性行为释放张力和其他方法释放张力有所不同。那就是在释放张力前必须要先增加张力，使张力达到一个极限值后突然释放，得到快感。这是人体的奇妙功能在性行为上的反映。

这样看来，无意识的行为，我们无能为力。对于学生和青年阶段的人来说，半意识的性行为不容易实现，可以用体育锻炼等有意识释放张力的行为，同样也能达到目的。尽管身体张力和性冲动是本能行为难以控制，但我们可以用理性的办法，找到更合适的解决途径。同时，树立远大抱负，勤奋刻苦、努力奋斗，也都能在很大程度上缓解和冲淡身体和本能方面的各种问题。

五、性的生育本能

男女恋爱期间，由于思念对方而刺激体内分泌有益于身心健康的各种激素，见面后体内激素加速分泌，极大地增加了男女体内的张力。

释放张力成了恋爱中的主要行为，学会不通过性行为而转换爱的张力应该是男女恋爱的必修课。男女通过性行为帮助对方释放爱的张力虽然是非常美好的事情，但是恋爱中的男女通过性行为释放张力也经常会带来灾难性的甚至是贯穿整个婚姻过程的不良结果，还是不要过度随意才好。

性的宗旨是服务生育和繁衍的，无论男女和社会怎样进化和发展，性都依然具有强烈的生育本能倾向。很多性行为，往往毫无保护，极容易导致怀孕。意外怀孕如果中止，在现代社会几乎百分之百地会造成人工流产，破坏人类自古以来的自然生育进程，造成非常大的心灵和生理伤害，这是亟须注意的问题。

第五章

恋　爱

一、爱的行为

爱是伟大的，但是人类只能感受到爱的行为，很难描述出什么是爱。

爱的行为是恒久耐心，爱是仁慈、怜悯、体恤。爱是不嫉妒，爱是不自夸，爱是不张狂。爱是不自私，做事合乎礼的要求，家和万事兴。爱是不计较，爱不喜欢不义，只喜欢真理。爱让我们凡事包容，凡事相信，凡事盼望，生活于当下，心向远方。

二、喜欢和爱的关系

有喜欢就会有不喜欢，有大喜就一定会有大悲。无论大喜还是大悲都会对身体产生危害性的后果。爱永远温柔，既不会过激也不会冷漠。

喜欢是火山，喷发时绚丽多彩，冷却后毫无用处；爱是温泉，温度恒定，永远对人类有益；

喜欢是激烈的情绪——哭和笑，爱则是稳定的情绪——

微笑；

　喜欢使人兴奋，爱使人平静；

　喜欢是固定的，爱是灵活变化的；

　喜欢是人的本能，爱是人的觉悟；

　喜欢是满足自己的欲望，爱是满足别人的欲望；

　喜欢是人的情感，爱是人的行动；

　喜欢使人增加乐趣，爱使人变得伟大；

　喜欢是自有的，爱是共有的；

　喜欢是有条件的交换，爱是无条件的给予；

　喜欢有益于自己，爱有益于他人；

　喜欢属于生物的本性，爱属于人类的灵魂。

三、爱情的多样性

现实中，人们因为民族、个性、经历、职业、教育、机遇等各不相同，爱情的表现形式也各不相同。几乎每一对恋人的爱情都有自己独特的风貌和独特的故事。有的炽热浓烈，有的稳健平和；有的激情奔放，有的含蓄深沉；有的罗曼蒂克，有的朴实自然；有的九曲回肠，有的柴米油盐。爱情如百花园，姹紫嫣红，色彩斑斓。单就爱情的产生而言，大约分为以下几种形式：青梅竹马，同窗共读，事业互助，患难相知、邂逅相逢、一见钟情，红娘拉线、鹊桥相通，慕名而至、主动追求，广为征婚、适当择取，先结婚后恋爱。

四、爱情是权利与义务的统一体

相爱包括一个重要的因素，那就是意志。爱一个人并不仅是一种强烈的感情，更是一个判断、一个决定、一个承诺、一个无怨无悔。喜欢的情感不能恒久稳定，而一个判断、一个决定、一个承诺可以稳定长久。

爱情不仅是权利更是义务，爱情是权利与义务的统一体。恋人或情侣双方互相爱慕、互相负责、互相帮助、互相关怀，为了对方甚至情愿忘却自己，勇于自我牺牲。

当然，如果反过来，片面强调义务，或干脆把爱情仅仅看成是一种义务的观点，更是不正确的，完全背离了爱的本质。爱情包含两个基本要素，即自然性要素和社会性要素。这两个要素缺一不可，否认其中任何一个要素，都会背离爱情的本质和真谛。

可是，爱情作为一种高尚的道德感情，突出表现为对对方强烈的义务感，由于这种义务感和责任感的存在，爱情变得更加具体、现实。义务具有相对约束力，当爱情减弱或消失时，义务和责任不会立即减弱或消失；当爱情出现盲目的冲动时，义务和责任会使爱情得到升华。

五、保持性的纯洁和神圣将带来生命的尊贵与升华

家庭的实践伦理，首先是一夫一妻。一夫一妻制是人类文化

所达到的最高的性规范。唯有一夫一妻才是最自然、最公平的夫妻两性伦理。

保持性的纯洁，除了配偶之外，不过多接触其他异性，这是良好夫妻伦理的典范。在夫妻之外有性的关系，这是性的不纯。保持性的纯洁和神圣将带来生命的尊贵与升华。

今天，一夫一妻制让我们每个人的生命保持着无限尊贵和持续升华。

六、恋爱的心理学事实

恋爱是出于人对异性的倾慕，这种感情并非与生俱来的，它与人的生理、心理的发育和成熟程度有关。

从人生历程看，它开始于青春期。完整的恋爱是有一个过程的，它经历了最初的好感，彼此吸引进而相互交流；好感逐渐加深并日趋强烈，希望与他（她）建立亲密的关系；再到倾心相投，决心为对方付出爱并得到对方爱的回馈，关心对方并将自己的未来生活与对方联系在一起。

首先，恋爱是一种情感需要。它表现为力图吸引对方和被对方所吸引，是相互间魅力的表现。人总是喜欢一些人而讨厌另一些人，这种喜欢或讨厌的情绪就是最初的吸引、接近或回避、远离。当一个人喜欢上另一个人时，总是因为这个人与他（她）在心理定势上相契合。心理学表明，情感上的喜欢与相爱有很高的正相关性。

　　其次，恋爱是一种认知活动。一个人可以同时对多个异性产生好感，但他（她）常常要从中选择或确定一个对象，这就不是一个单纯的情感问题而要上升到认知层面。通过印象的形成和整合作用，产生进一步了解对方的愿望，并在接触中对对方的为人处世、待人接物等生活观念和综合素质有所认识，从而决定是否深化与对方的关系。认知是一种理性化的行为，只有经历了这一过程，恋爱才能减少盲目性，摆脱单纯的好感，上升到对对方人格和精神世界的倾慕，取得与对方心灵的沟通。

　　再次，恋爱是一种态度表达。态度是一种意志化的倾向，即意图去达到某种目的并且为之准备在所不惜的决心。恋爱中的态度是建立在情感喜欢和认知判断基础上的，即明确和坚信自己的选择，排除外界的干扰和阻力，与对方同甘共苦、同舟共济。态度还是双方恋爱关系维系的支撑点，只有态度相似的双方才能建立较稳固的恋爱关系。恋爱要看双方是否对两性的性别角色、感情依恋等问题持有类似的态度，相似的态度才会产生和谐的行为。

　　总之，情感需要是开始，认知活动是决定，态度表达是实践，恋爱中的二人只有经历这样的三个阶段，才会走入爱之河。

第六章

婚　姻

一、婚姻价值

人生苦短，长夜漫漫。人世间的不愉快甚至痛苦的事情不少，人们所能做好的同时又非常美好的事情不太多。

即使从事有价值的学习、研究工作，也经常感觉很辛苦、很劳累。

非婚姻的性，不会带来真正的快乐，过后更多的反应是内心的空虚，而非内心的充盈幸福。

两人肌肤长时间的接触，双方大量思想和感情的交流，并非只是靠口头语言进行，非语言的交流，尤其是用眼、手和对方交流，用心和对方说话，男女身心沟通融为一体，增加了灵魂中的爱。只有长时间相互了解的夫妻才会知道对方何时需要拥抱，何时需要性。夫妻通过性生活和感情生活，创建一个有美好结果的家庭，足以抵消外界的一切不愉快和一切辛勤劳苦，足以让人带给外界以愉快、幸福，足以让人带给人间以欢畅、喜悦。

工作、事业，往往带有外在的特征；生活、家庭，更加带有内在的本质。年轻之时，重视外在，内在似乎有无随便；人越年长，内在的重要性越凸显，内外协调才能共同进步。

二、婚后生子的原因

结婚让爱情固定下来，丈夫爱妻子，妻子爱丈夫，这是人间极其美好、极其庄重的情感。

人类天生的繁衍本能逐渐转化成生儿育女的现实需要，人不能满足这种需要就不会感到幸福，这绝非偶然。

如果说夫妻生活唤起人们新的力量和新的情感，那么子女的诞生则使夫妇双方的面貌焕然一新，丈夫产生父爱，妻子产生母爱，等于拓展了夫妻爱的空间，产生了父母之爱以及在父母之间产生了更加丰富、更加深沉的情感交流。这些情感只有在孩子降生后才能产生，这是更加高级、更加神圣的情感。

婚外之爱，越少越好；婚内之爱，越多越好。结婚生子，增添了婚内之爱的内容和内涵。

三、磨合婚姻：爱是婚姻的本质

初婚男女，大约只有10%—15%的家庭夫妻彼此的看法一致，即大约十家里有一家，和和睦睦、恩恩爱爱。这十家里，未来一直能保持和和睦睦、恩恩爱爱的，可能又只有一家。一般而言，从头到尾完满无缺之家，百里挑一。人生家庭的常态，大致如此。开头磨合，日子维艰，逐渐变好，渐入佳境，是大量存在的。日子起起伏伏，生活上上下下，则更应该是大量存在的、是正常的。

青年人约会见面，都会竭力表现自己的优点，掩盖自己的缺点。这不是故意掩饰，不是故意欺诈，处于爱的漩涡里，各种美好和各种美妙会本能地爆发，是自然流露。可是，在日常生活中人是不可能长久地抑制缺点的。

男女双方互相了解很少，有时还不知道爱人最主要的和最本质的特点是什么便结婚了，从进入婚姻家庭之后才开始真正地了解对方，真正的生活才刚刚起步。

无论怎样注意言行举止，无论怎样使人入迷，朝夕相处后终将会露出自己的本来面目，而这种真实面貌不可能同与你相爱的人所形成的第一印象完全相符，于是失望情绪便逐渐产生。

小夫妻的主要困难和易于冲突的根源在于性格不合，彼此都想使对方适应"我"，还没有形成共同的"我们"。

随之而来的，则是希望无论如何都要按照自己的心愿或近乎自己的心愿来改造自己的爱人，使之接近于自己在内心塑造出来的理想形象。这种改造常常十分有害，宽容才是家庭相处的重要美德。

然而，同在一个居室里，同在一张床上，长期存在巨大分歧的人是不会长久的，夫妻二人互相适应彼此是必不可少的过程。

最终，经过磨合，除了一直完美的 1%之外的 99%，大约磨合好了、近似或等同于完美的，占据了 85%—90%；也总有一直也磨合不好的，失败的婚姻和不幸的婚姻总是存在的。重新选择，过上理想生活的一定有；继续选择，继续不好，换了一种依然不好的一定有；不再选择，终生厮守，老夫老妻继续磨合到地老天荒的，也会有。

人生、婚姻、家庭，大致如此。

摘录一段新郎的感言：

"……在去年'520'（5月20日）那一天，我们认识了。我喜欢数字，这是我的天性，也是我的工作，而且我也喜欢理性，我一直想用理性掌控我的生活，选择正确的城市，选择正确的爱人，我一直以为一定要选择一个正确的人才能一起走一辈子，但是在我们订婚之后这半年来的风风雨雨，在所经历的生活波折里，我才知道，这对的人并不是一开始就是灵魂契合的人，而是我们一起走到最后的那个人。亲爱的！我想成为你的那个人，在我坚持理性的世界里，你也不用正确和理性，因为我爱你……"

四、饱含希望，帮助对方

努力工作，尽一切力量维护家庭，将自己最美好的生活寄托在未来。为了追求未来的希望，总会保持旺盛的精力，相信做任何事情都是在为未来的美好生活打基础，随时将自己的人生目标向前推进，为彼此在一起度过的每一刻和每一天而高兴，相信明天永远会比今天好，因为明天的幸福建立在今天的快乐基础之上。

婚姻就是帮助对方、成就对方，进而也帮助自己、成就自己。

两个人从根本上目标一致，为了对方，就是在为了自己。

当然，要注意某些极端情形，比如，精神操控（PUA）的问题。另外，如果时间超漫长，不快乐，没希望，很烦恼，那就不要帮了。

五、爱情婚姻道德：伦理统一

黑格尔说："爱的第一个环节，就是我不欲成为独立的、孤单的人，我如果是这样的人，就会觉得自己残缺不全。第二个环节是，我在别一个人身上找到了自己，即获得了他人对自己的承认，而别一个人反过来对我亦同。因此，爱是一种最不可思议的矛盾，决非理智所能解决的，……爱制造矛盾并解决矛盾。作为矛盾的解决，爱就是伦理性的统一。"黑格尔又说："父母只有在他们的子女身上才见到他们结合的整体。在子女身上，母亲爱她的丈夫，而父亲爱他的妻子，双方都在子女身上见到他们的爱的果实。"这样，爱情婚姻中的人会置于两难的道德选择之中，最后，还必然达到爱的伦理性的统一，实现真爱。

可见，爱是为了驱逐孤独而产生的，是人生中必不可少的过程之一。在爱情中，恋爱双方既是独立的又是相互统一的。

从黑格尔的话中，能够感受到很多道理。

第一，生而不孝、独身不婚、婚而不育，这样三种情况集中于一个人身上，那么，这个人不是一个完整的人，而是一个残缺的人。人必须孝敬父母，成家立业，养儿育女，在这样的三件事情中，磨砺成长，感受生活，才是一个完整的人。

第二，因我不完整，在夫妻之爱和亲子之爱中，才完善了自我。这种爱，又是互相的，它不是单向的；这种爱，发出去又返回来。这是黑格尔说的不可思议的矛盾，爱就在不停的往返矛盾中运动，这个矛盾，让人类过上一种受约束的自觉的生活。表面上，是夫妻、亲子、家庭的统一体；本质上，是道德伦理的统一体。

第三，黑格尔后面说，从生理上、物质上，家庭里孩子的诞生，是这个抽象的道德伦理统一体的物化形态。孩子从生理的角度，真正融合了父亲和母亲：父亲爱孩子，等于爱自己和爱妻子；母亲爱孩子，等于爱自己和爱丈夫；孩子爱父母，就是爱自己；孩子爱自己，就是爱父母。最终，孩子成为道德伦理统一体的唯一载体。孩子的诞生，让夫妻之爱不再矛盾。此时，便拥有了生理意义上的统一体，顺便形成了道德伦理意义上的统一体。否则，没有孩子，夫妻之间无论如何你爱我、我爱你，无论如何你侬我侬，还是两个人，还是矛盾的。到孩子这里，才变为一个人，才融合了，才解决了矛盾。

黑格尔四十多岁结婚，婚后多子女，一生里的主要著作大多是结婚后写作的，他不仅是哲学领域的伟大人物，更是家庭生活里的伟大人物。

第七章

家庭成员关系

一、亲亲相隐、亲亲相扶

人的本质在于其社会性，人与人社会关系最主要的表现方面是家庭的亲情人伦关系。所谓"亲亲相扶"，是指亲人之间相互尊重、相互关爱、相互帮助、相互扶持、相互学习、共同发展的关系。

亲亲相扶是对传统的"亲亲相隐"的扬弃和发展。亲亲相隐既是我国古代一项重要的法律制度，又是一个重要的伦理事实判断依据，深度反映了我国古代儒家文化思想中的家庭伦埋道德。

作为一项家庭伦理道德传承，在实践中，人们对亲亲相隐有两种不同的观点：一种观点认为，亲亲相隐体现了人性，体现了爱的差异性和层级性；另一种观点认为，亲亲相隐会对和谐社会的构建形成隐性的阻力，会导致不正当事情的增加。

关于亲亲相隐，需要吸收其利于人性发展的一面，需要辩证地分析，需要既有利于亲情的加深又有利于社会和谐的平衡，需要情与法之间的平衡。

2011 年 8 月 24 日，我国第十一届全国人民代表大会常务委员会第 22 次会上审议通过的《刑事诉讼》修正案，就很好地理解和把握了古代"亲亲相隐"的伦理原则，既规定了被告人的配偶、父母、子女可以不出庭作证，又规定了家庭内犯罪，如亲属间虐待、遗弃、对子女、养子女的性侵犯等须出庭作证，内含了"亲亲相隐""亲亲相扶"的核心理念，充分彰显了人情、人伦和法治的统一。

二、夫妻争吵

吵架是夫妻间情感的一种强烈对撞过程，是重要想法和理念的交流过程，它体现着双方的意志、权力和控制的欲望。夫妻间吵架所用的语言和所表现的态度并不重要，关键是反映了瞬间要控制对方，让对方服从自己的意识。如果夫妻长期吵架则反映了双方要互相控制对方的持久企图。

通常夫妻之间的这种强烈对撞和交流只有到双方失去了控制欲望后才会停止。但是，很多夫妻到了临死的时候仍然没有失去自己的权力控制欲望，他们往往会将自己一生的生命活动体现在不断的争吵过程中。有些老夫老妻意识到了这点，但是不愿意减少自己的控制欲望。开门钥匙手中握，解铃还须系铃人。争吵是生活，适时适度结束争吵才是夫妻家庭美好生活的控制阀。

三、亲子传统伦理关系

传统社会的父子伦理是父为子纲，即子女在一切方面都必须绝对服从父母，不得有丝毫的僭越。在这个前提下，传统社会提倡父慈子孝。

所谓"父慈"，就是父母对子女要慈爱。其中最重要的是要关心、帮助子女成家立业：成家就是结婚生下后代；立业就是继承家业，修身、齐家、治国、平天下，光宗耀祖。

所谓"子孝"，就是子女对父母要孝敬。孝有三层含义。首先是养亲，即赡养自己的父母。如果不能养父母，使父母有冻馁之苦，那就枉为做人了。其次是不辱亲，即不做败坏父母名声的事，遵循父母的心愿让父母高兴快乐。如果做了玷辱父母名声的事情就和不孝敬父母一样。再次是尊亲，即不仅自觉地对父母尊敬，讨得父母的欢心，而且自觉地遵循伦理道德，立身扬名，光耀门庭。传统父子伦理是与传统社会相适应的。

亲子伦理从广义上还包括婆媳（包括丈人和女婿）和祖孙两种类型。

四、父母之爱：源远流长

父母对子女要慈爱。这里所说的"慈爱"有着全新的含义。其精神实质是父母在尊重子女人格的基础上，施以父母之爱。子女是夫妻爱情的结晶，这种父母之爱，实际上是夫妻之爱的相应表现。

具体说来，父母之爱表现为对子女既养育又教育。

子女的成长可以分为三个时期，每个时期的要求各不相同。

第一时期，即子女幼年时期。子女依赖父母，恋慕父母，模仿父母。父母完全掌握主动权，从人际关系看显然是一种不平等和非常态，从家庭关系看此时是父母之爱最浓之时。

第二时期，即子女的青少年时期。子女的自我意识增强了，思维能力发展了，常从一般社会关系和一般人际关系的角度，如同对待陌生人一般地对家庭里的父母和学校里的教师采取批评的态度；子女的性机能逐渐发育，由于对异性产生感情，甚至萌发恋爱之情，而一下让自己变得勇敢、坚定、细腻、丰富起来。他们期望自己迅速长大成人，走入社会生活，有时候或者经常对父母的生活态度不满意，对老师的教育方式不接受。这是父母与子女关系的危机时期。

双方只要稍闹别扭，就会使彼此的亲密关系变得紧张起来。对此，父母应该采取既加强引导，又大胆放手的审慎态度。青少年在身体上逐渐长大成人，有些人甚至在精神生活方面也超过了父母，然而他们毕竟不成熟，不仅经济上尚未独立，而且思想上也尚未成熟。在复杂的社会生活面前，他们往往不能正确地分辨是非善恶。同时，他们的生活阅历浅，对社会生活的理解往往处在观念思考上，容易产生偏激的、轻浮的想法和做法。父母不仅要严于律己、以身作则，而且要用自己的处世准则和人生态度去引导他们。对于子女身上所表现出来的错误想法和做法，应当严肃地加以批评和帮助，不能一味迁就。有些父母时常像对待朋友那样，用迎合的态度对待自己子女的一切，这是对自己的人生准则和态度没有信念的表现，是不对的。同时，父母对子女的引导和管束也不能过于严厉。须知，他们已经逐渐长大成人了，要尊重他们的个人意见和人格。老话说"吃一堑，长一智"，父母不要老是不放心，不要怕子女摔跟头，挫折是人成长的必经之路。

第三时期是子女的自立时期。子女离开父母自立，标志着他们同父母的关系进入一个新阶段。不养儿不知父母恩，当他们形成自己的稳定家庭之后，对自己的父母也会发生很大的变化。

俗话说："爹娘想子女长流水，子女想爹娘一阵风。"父母从子女出生到自己去世，始终关心着子女的成长，父母之爱可谓一往情深。

五、婆媳关系的枢纽

儿子（丈夫）对婆媳关系的好坏能起重大的作用，在一般家庭中，男子具有双重角色身份：既是母亲的儿子又是妻子的丈夫。这种双重角色，既能使他成为婆媳和睦的黏合剂，又能使他变为婆媳矛盾的催化剂。

在婆媳产生矛盾时，婆媳双方都希望他介入，以便从他那里得到同情和支持。这时，作为儿子和丈夫的人，不能同母亲或妻子任何一方搞同盟，这是一条重要的伦理原则。如果儿子支持母亲，就会被妻子认为是母子联合起来欺负她这个外来人，进而怀疑丈夫的爱情，影响夫妻关系；如果丈夫支持妻子，又会被母亲认为是不孝，娶了媳妇忘了娘，从而给母亲造成心灵上的创伤。

在婆媳冲突中，儿子（丈夫）一定要保持冷静、慎重的态度，最明智的办法是扮演调解者的角色，既不无原则地袒护母亲，也不一味地迎合妻子；既要照顾母亲的感受和心情，又不伤害妻子的自尊和根本。总之，要息事宁人，不能火上浇油。

为此，作为儿子和丈夫的人，就要分别找母亲和妻子谈话。对母亲一方，要用诚恳的态度，请求原谅。当母亲提起媳妇的错误时，应该代替妻子承认错误，使母亲觉得出口气而欢喜。对妻子一方，应对她表示同情，对她解释和安慰，用爱情消解她的怨情，使她孝敬尊长。

当好儿子又做好丈夫，是一门艺术。

六、婆媳、母子、夫妻的融洽无间

古代，丈夫对妻子有严于今日的标准和要求，一旦女子违犯了男人们规定的戒律，就要受到严厉的惩罚。

据说有一次孟子进门，看见妻子一个人在家叉着腿闲坐，他认为女人叉腿坐是"无礼"，就告诉母亲要休妻。幸亏孟子之母识大体，又或者是女人间的同病相怜，因而斥责儿子说："不是妻子没有礼貌，而是你没有礼貌。《礼》书上不是说：要进门时，先问有没有人。要进屋时，先打个招呼。进屋眼睛不要往上看，要看地下。其目的是不要给人一个冷不防。今天你进寝居之室，进门不打招呼，乘她不防备而看她'踞'坐，这是你的不对。"由此，才避免了一位女子的悲剧。

可见，国人，无论古今都是既有规矩又有智慧。这也表现了婆媳、母子、夫妻之间的融洽无间的良好关系。

七、祖孙关系

祖孙关系是一种隔代的亲子关系。由于孙子女是祖父母的后代，祖孙之间具有天然的亲密感情。

但是，与父子关系相比，祖孙之间是隔代关系：祖父母正在走向生命的尽头这一边，而孙子女在生命刚起步那一边。表面看来，他们处于人生的两端，相距很远，然而实际上并不是这样的。祖父母从孙子女那里感到传宗接代的喜悦，感到自己的生命确实延续下去了，这种特殊的心理反而使他们格外疼爱孙子女，彼此关系越发亲近。孙子女是联系祖父母与父母感情的纽带，是三代同堂天伦之乐的中心和共同基础。祖孙关系如果不好，不仅会影响彼此的感情，而且会影响祖父母与父母之间的关系以及孙子女与父母的关系，影响天伦之乐是否能实现。

传统家庭的人口平均寿命一般在50岁左右，而现代家庭人口平均寿命上升为70岁以上，一般人基本在50岁左右成为祖父母。因此，在传统家庭，祖孙关系几乎成了超出五十年人生设计之外的家庭关系。与其说祖孙关系是对多数人有普遍的意义，还不如说祖孙关系只有对长寿者才有现实意义。现代家庭则不同，由于生活条件的改善，现代人的寿命延长了。祖父母与孙子女生活的时间交集有二十年乃至更长，而孩子从出生到将近成人都处于孙子女的地位。由于现代家庭实行计划生育，孩子出生数大大减少，缩小了家庭亲属中的横向联系，扩大了家庭亲属中的纵向联系，这就等于提高了祖孙关系在家庭中的地位，提高了祖父母角色的重要性。

今天的中国，拥有祖孙关系的家庭，其父母辈大都在计划生育的情况下出生，即祖父、祖母和外祖父、外祖母，一般各自只生养了一个孩子。如果这个孩子的养育由其他人代劳，那么，祖辈其实谈不上有养育孩子的经验。而且这些祖辈家长，身体普遍比较健康，家庭条件也一般较好，对于养育孙辈孩子，费心出力，非常赤诚，虽然缺乏经验，有些不像祖辈人的特点，甚至带上他们父母辈养育的特征，但其专注和认真精神非常值得肯定。祖辈家庭，家里一般只有一个孩子，那是时代造成的。如今，中国实行普遍的三孩政策，国家应该积极支持年轻小夫妻自然生育，祖辈老人应该多讲生育的好处和益处，多子能才多福。

在前面的章节中提到，因为孩子的诞生，拓展了夫妻之爱的空间和内涵；孙辈的诞生，更拓展了祖孙三代爱的空间和内涵，善莫大焉。

八、《颜氏家训》言兄弟姐妹

《颜氏家训·兄弟第三》中说道："兄弟者，分形连气之人也，方其幼也，父母左提右挈（qiè），前襟（jīn）后裾（jū），食则同案，衣则传服，学则连业，游则共方，虽有悖乱之人，不能不相爱也。"

九、兄弟姐妹关系

第一，兄弟姐妹是血缘近亲。同父同母、同父异母、同母异父，这种血缘的纽带，把兄弟姐妹们联结起来，彼此产生了天然的同源亲密感。

第二，兄弟姐妹是同辈伙伴。兄弟姐妹都是处在同一辈分上，这种同辈伙伴身份使他们产生了天然的平等感。

第三，兄弟姐妹的思想感情相近。兄弟姐妹年龄相近，所处的家庭环境和社会环境基本相同。幼年时，食则同桌、衣则传服（老大衣服老二、老三穿）、学则同业、游则同方，因而彼此在理想、情操、价值观、爱好、见解等各方面，都比较相近或相通，有较多的共同语言。

这三个特点是一般人际关系所不可能同时具备的，所以兄弟姐妹关系非一般人际关系可比。

但是，兄弟姐妹之间，由于相同的东西过多，如果发生冲突也将是很激烈的，很难调和的。如果这种情况发生了，不仅不能情同手足、同气连枝，严重的可能会成为形同陌路、互相仇视的关系。

路遥在《平凡的世界》里说得好，兄弟姐妹，要先能做普通朋友，然后，才能成为至亲家人的关系。

第八章

家庭成员角色

一、丈夫伦理概要

自然界中有天地、山河、海陆，人类社会中有男女、夫妻、老少，丈夫和妻子处于家庭关系中的不同位置。

阳刚、积极、果断、热烈、进取、爽朗、坚决果断地完成所计划的工作，不后悔不发牢骚，对自己的天职、使命尽最大的努力，心胸宽广，宽容大方，是作为丈夫的普遍伦理要求。

二、妻子伦理概要

妻子要让丈夫感到充满温柔，笑颜常开，美丽无比。要给予丈夫信赖和希望，无忧无虑，内心坚强。坚信在世界上没有比自己丈夫更好的男性，对丈夫的工作及相关事情表示无限的尊敬，并给予支持。

丈夫未必是世界上最好的，作为妻子，要毫无怨言地接受一切，毫无抵触地接受丈夫的一切。遇到妻子这般纯情之心，丈夫也会流露真心，成为一个真正的男子汉。相应地，妻子未必是世界上最好的，作为丈夫，也要毫无怨言地接受一切，毫无抵触地接受妻子的一切。遇到丈夫这般真情之心，妻子也会流露纯情，成为一个真正的好女子。

三、养生和长寿的目的

身体是用来干什么的？身体是为了用，身体是为人民服务的，身体是为家庭服务的，身体是为别人、为社会、为国家做有意义事情的。这样，保养身体才有意义，爱惜自己才有意义。

无论老年人还是中青年人，以这种心态来爱惜和保养身体，保证基本的身体安全，而不会太在意身体和精力的付出。

对于老人来讲，身体会不断衰老逐渐失掉健康的，生命是一定要终结的。老年人在年轻的时候，一定有过很多的理想主义和利他主义。如今，尽管不可能像青壮年那样为国家、为别人乃至为自己的家庭做特别多的贡献了，然而老年人的理想主义和利他主义也无须减少得太多、太快。"莫道桑榆晚，为霞尚满天。"老年人依然可以为他人、为家庭、为社会贡献一份光和热。

四、养宠物的利与弊

人的智力，在两个时期是比较低下的。

一个是在恋爱期。有句话说"恋爱中的男女会变得愚蠢"，恋爱这个事情，一定要蠢一点，智力水平低下一点，一定要唤起平时不常经历的种种感觉，唤起平时不易感觉的美好和纯情，激发人的真情、真爱，浑然不觉别人的白眼、冷眼以及热眼，浑然不理旁人的闲言和杂语，浑然不顾亏不亏以及我是否可以找到更好的另一半的顾虑。超越了世俗，向往并时时感受着人类最美好的一切。恋爱之中的人们，其智力水平就显得比较低下了。可是，如果一个恋爱中的人，不智力低下，如同做买卖一样的精明，评头品足，算计自己是不是吃亏了，这个恋爱也就不是恋爱了。所以，美好的恋爱，是人一生中不多见的美妙时刻，需要人超俗一点。此时，属于凡人的智力低下一点，便于唤起人类的诸如第六感觉之类的东西，使得这场恋爱谈得轰轰烈烈、热情似火。

　　另一个是在育儿期。尤其是孩子越小，家长的智力表现得越低下。为什么呢？平等的双方才可以相处和交流，幼儿智力低家长也低，这样才可以更好地交流和相处。家长为抚养小孩应主动地把自己的智力水平调低，最好低到和自己的小婴儿一样摸爬滚打、嬉笑打闹、同喜同悲的状态才好。此时，智力水平"低下"的家长，非常容易和本来智力就低下的幼儿小朋友们相处，幼儿小朋友非常喜欢这样的家长。

　　上面两种情况说明，人类的智力和能力是可以根据实际情况自我调节控制的。借此说明，老人养宠物可能会带来负面影响。老人养宠物最大的负面影响可能是：变得不善于与人类相处，进而会产生不愿意与人类相处的感觉和行为。

　　俗语有"狗随人性"，时间久了狗也会像主人的性格一样。其实，总在一起，长时间地共住一个房间，长时间人狗相随，人也要带上"狗性"的，"人随狗性"也是现实。很多老人与猫啊、狗啊相处得如鱼得水、非常默契。身上带上了宠物的气味，对猫狗发号施令，与宠物交流非常自如，甚至老人自己的表情和习惯也带上了宠物的样子。

退休的老人已经脱离社会，不太接触复杂的人际关系。如果此时把很大精力和时间用在养宠物上面，等于雪上加霜，让自己进一步地脱离社会，脱离人和人之间的关系。

人的精力有限，年轻人如此，老年人更是如此。如果老人花很多的时间和精力用在与宠物相处上面，势必会减少与人相处的时间和精力。有的老人可能会讲，我不和宠物相处，也不会有人和我这么热闹地相处。这确实是现实问题，但是老年人还可以用这个时间思考和人相处，用这个时间计划如何与人相处，还可以让老年人利用一切可以利用的场合尽量多与人打交道。

作为老年人，与人打交道的能力和水平提高了，在与人打交道的过程中会获得更多的快乐，会使人愉悦，必然让老年人的人际交往空间进一步扩大。这样，老年人就等于重新回到社会里，而不是被抛弃在社会外面。即使老年人与自己子女的相处，其实也是一个社会交往和人际交往的过程，如果老年人的社交能力提高了，或者老人的社交能力没有因为与猫狗相处而退化，与自己的子女相处起来才可能更加融洽。

不建议用养宠物的行为抒发自我的情绪问题和情感体验，动物不能解决人类的心灵问题，真正可以解决人类心灵问题的一定是人类自己。

当然，在感情上，也可以依赖宠物；在身体锻炼方面，为了陪宠物出来遛弯散步，进而也活动了老年人的筋骨。宠物成为老人的多重伴侣，总是比老年人孤单无聊好，这也算是养宠物的优点了，这应另当别论。

五、传染病给亲情带来麻烦

父母面对自己孩子生病，不管得什么病，多么严重的疾病，哪怕是给自己健康带来不可挽回损失的传染病，父母都会尽心尽力地照看孩子、守护孩子，不仅给孩子物质方面的照顾，而且会给孩子亲近的陪伴，给予孩子情感上的关怀。

但是，反过来，如果父母得了严重的传染病，孩子们此时对自己父母的照顾肯定不如当年父母对孩子那样忘我。因为，此时的孩子们可能已经有了自己的子女了，可能除了自己的健康以外，还要考虑自己子女的健康，还要考虑抚养自己子女的责任，此时的中年人或者壮年人上有老下有小真的不好办。

子女如果不能给父母情感方面的安慰，那就应该在物质方面、经济方面给予父母更多的弥补，用不同的方式安慰自己的父母，让自己的父母感到温暖和温馨。父母们也需要理性一些，在理性中会获得感性和情感方面的安慰。

国家应该高度重视重大的和不可根治型传染病的防治工作，投入更多的力量防治传染病，实实在在地解决传染病问题，让所有老年人都得到温暖和安慰，不让传染病阻碍老人应得的温暖和照料。

六、丧偶独居老人的心理护理

老年丧偶是老年人必然会经历的一场严重的心理冲击，是老年人生活中对心理打击最重的事件。丧偶老人的心理特点主要表现为：悲伤与痛苦、思念与怀旧、内疚与自责、怨恨与不满、恐惧与失望等。这些强烈的情感体验，发展得很严重的话，会导致老年人精神空虚、情绪低落，失去生活的信心、勇气和动力，较长时间处于悲哀、冷漠、孤独之中，甚至还会诱发各种疾病，使健康水平迅速恶化。研究认为，在近期失去配偶的老年人中，其死亡率比正常老年人高出 7 倍。

丧偶老年人的心理调适是心理行为与生活方式的一次重大变化、重大调整。丧偶老人心理调适的方法主要有：

1. 正确理解生老病死是自然规律，不可改变，要面对现实，要把保持自己的健康看作是对老伴最好的怀念。

2. 认为先走是福。自己要坚强地生活，让老伴的在天之灵放心。尽量避免过度的自责而让自己陷于痛苦之中。

3. 转移注意力。更换一个生活环境和生活方式，避免经常发生"触景生情"的悲伤情绪，从而减少因思念老伴而引发的精神上的折磨。

4. 积极参加老年群体的各种活动，让自己能更快地回归社会，过上正常的老年生活。

5. 培养新的兴趣爱好和积极健康的生活方式，寻找新的精神寄托，增强生活自理能力。

6. 建立新的依恋关系。从依恋老伴转变为依恋子女、孙辈或亲朋好友，如果有必要也可以再婚。

七、爱是流动的温暖

父母需要儿女养活的时候，一般来讲，儿女们都已经有了自己的配偶，都已经成立自己的家庭了。

此时，父母如果要想获得良好的养老条件，一定注意，需要尊重儿女长大后组成的家庭。如同当初身为父母的自己好好建设自己的家庭、生儿育女一样，父母也应该好好地珍视自己子女的家庭，爱护子女的家庭并真心地为子女的家庭好，应该如同爱护自己的眼睛一样爱护儿女们的家庭。

父母需要与自己子女的配偶建立良好的关系，父母要如同爱自己的子女一样爱子女们的配偶。做父母的，千万不要认为血缘关系一定会超越婚姻关系。血缘关系代表生存和现状，婚姻关系代表发展和未来。生存里面包括发展，发展里面包括生存，这些道理在年轻人那里是很难分辨清楚的。身为父母的要有这个见识，要认识到某些需求必须让位于发展和未来。屋宽不如心宽，要比谁爱谁，不要比谁怕谁。当物质资源紧缺的时候，当儿女认识水平不够的时候，当晚辈的道德水平没有足够高的时候，血缘关系是让位于婚姻关系的，父母要有这个清醒而冷静的认识。

在某个具体的时刻、在某个具体的场合，老人可能没有明确地感到儿女之孝，不敢明确地坚信儿女之道德。但是，人类区别于动物界的一个重要的标志——道德和孝道从来都是至上的，爱和温暖从来都是至上的，这一点也请父母们放心。

如果父母能够坚持一个原则：重视自己子女的家庭。如果子女能够坚持一个原则：道德和孝道。两代人，不埋怨、不强求，那么天下的家庭就会和谐得多。

父母也不要对子女过分依恋。依恋是两代人之间持久的血缘亲密情感。亲密情感是一个人的生活重心。父母和孩子之间的依恋，能为孩子带来抚慰和安全感，能为父母带来归属和成就感。其实，这种依恋和牵挂是随时间而变化的。有些父母对子女过分依恋，希望孩子永远长不大，永远守在自己身边。子女结婚后，感觉似乎失去了孩子，感觉孩子对自己的爱也被别人夺走了。做父母的应该想开些，子女总像小孩那样依恋父母是不现实的。孩子小的时候，父母在他们心中是第一位的；孩子长大成人甚至结婚以后，父母有可能会降到第二位；有了孩子后，父母有可能降到第三位。一代一代都是如此，如果老年人明白了这一规律，就会心理平衡。

母亲为了考验自己是不是真的已经退居"二线"了，或者媳妇为了考验自己是不是真的已经占据"一线"了，世上的人们竟然弄出如此的选择题来："假如母亲和媳妇同时掉河里，你先救谁？"可是，世界上哪有这种同时发生的事情！真的有这样的事情，谁快死了，就先救谁；假如马上问，同时要死，救哪个？我们是讨论现实问题，还是讨论理论问题？要知道，这个问题是曹禺 27 岁时写的话剧《原野》里面，剧中人物花金子与焦大星的问答。要知道，这个问题是一种文学叙述。要知道，天下的婆媳矛盾都是这样"问"出来的，天下的婆媳矛盾都是这样"思考"出来的，天下的婆媳矛盾都是这样被挑拨出来的。

当儿女们自己的孩子诞生了，子女父母的父母——也就是子女的爷爷奶奶真的退居第三位了吗？其实，并没有这样的事情发生。此时，爷爷奶奶有精力，也许还忘我地帮助照看孙辈小孩儿呢，三代人同时爱护着一个新生命，是很正常的。如果爷爷奶奶已经无力帮助照顾子女的小孩，但自己还可以买菜做饭、洗衣刷碗，此时子女们可能把主要精力投放在自己的孩子身上，对父母的物质和精神照料会相对少些，也是很正常的，并不能得出父母已经降到第三位的结论。

所以，自己的父母、自己的爱人、自己的孩子，没有"排序"这样的事情。父母、爱人和孩子是一家人，因为人的精力、财力、物力、时间有限，只能哪里紧急、哪里需要，就会把精力、财力、物力、时间首先放在哪里。关爱是流动的，关爱是灵活的。

其实，爱没有排序，爱是流动的温暖。

八、认识"老小孩儿"

父母曾经耐心地陪伴过我们的年幼无知之时，儿女也要耐心地照顾已经迟暮的老人。

此时的老人和小孩儿一样，调皮、狡猾、爱玩、爱闹、追求新鲜事物、爱挑拨事、总在探索、爱哄人也愿意被人哄……但问题是，老小孩不好玩啊，无论社会还是家庭，几乎没人拿老人当小孩了。

做儿女的，好好地陪父母，满足一下他们进入风烛残年的"脾气"，满足一下他们由于已经理性不够用了的"荒唐"，满足一下他们智力和体力已经都不再的"狡猾"，满足一下他们刚愎自用和撒泼打滚般的"探索"。

父母到了年迈的时候，我们不呵斥他们，让他们自得其乐，让他们自以为是地"放纵"一下。

在生命的开始，爸爸妈妈体谅我们：体谅我们不会走路，体谅我们不会吃饭，体谅我们不会理解别人的疾苦。

如今，生养我们的父母老了，老到很快就进入人生末年。我们做儿女的，也要体谅父母的无理和荒唐，如同我们当初刚来到这个世界的时候，我们对世界很陌生，我们不会走路，不知道人世间的道路是这样的；我们不会吃饭，不知道人世间的饭菜是这样的，这个"体谅"就是爱。

此时的父母，即将离开我们，就要离开他们已经生活了很多年的人间了。此时，父母如同我们刚降生时候对这个世界、对这个人间的陌生一样，也开始对已经生活了数十年的世界、已经生活了一辈子的人间开始陌生了。你看，我们的父母不会走路了，不会大小便了，不会吃饭了，他们也一样地不会处理人间的事情、不明白人间的情理了，他们不会说话了，不会理解外部的世界了，不明白外面的人间了……

我们做儿女的，怎么能够要求生我们养我们的父母，还和我们曾经仰仗他们、依赖他们的时候一样呢？我们如果可以一直那样地仰仗父母，我们如果可以一直那样地依赖父母，那还有我们的成长吗？还有人间的轮回和发展吗？

如今，做儿女的，长大了，非常有能力，非常适应社会，为什么不能适应父母的变化呢？做儿女的，就可以抛弃已经变老的父母吗？无论此时的父母，变得多么面目全非，我们依然要像当初他们爱我们一样地爱他们。

九、如何认识老年痴呆症和老年抑郁症

我们的父母，在进入晚年的时候，有可能得老年痴呆和老年抑郁等疾病。此时的父母，甚至完全超出我们儿女的想象力和承受力。

不认识自己多年的老伴儿，不认识自己的子女，不能吃饭穿衣，不能自己大小便，刚放下的东西就找不到，刚锁好门又转回身重新锁门，做菜时一次又一次地放盐，喜欢张冠李戴，经常出现幻听幻觉，讲述根本没有的事情，十分焦虑，语言啰嗦杂乱无章，对人毫无表情，性格孤僻自我为中心，玩弄大小便，不分男女，有时性欲还极度亢奋，有时很抑郁甚至准备自杀，有时不断地无谓自责……我们的爸爸妈妈有可能在晚年是这个样子。

针对老年痴呆和老年抑郁症，现代医学有很多治疗和延缓发

病的手段，但是，这种病症是无法彻底治愈的。针对这种病症，有很多的调理办法，最重要的一点是亲人的关怀和陪伴，这才是治疗和延缓老年痴呆和抑郁症的良药。有家人同住的老年痴呆症和老年抑郁症患者在记忆、语言表达和空间感方面的病情恶化进程会大大延缓。

十、二十四孝

中国古代社会本着向善的原则，数千年来形成了二十四孝的故事，目的是要引导天下的人们、教化天下的人们、改造天下的人们。

《二十四孝》，一种说法是由元代郭居敬编录，另一说法认为是由其弟郭守正编录，第三种说法认为是郭居业撰。它辑录了古代24位孝子的故事。这些故事，大多取材于西汉经学家刘向编的《孝子传》，也有一些故事取材自《艺文类聚》和《太平御览》等。《艺文类聚》和《太平御览》是中国古代的类书，类书相当于今天的百科全书。但是，中国的类书，经常半部、整部地收录各种有价值的文献，从这个层面来讲古代的类书比今天的百科全书内容要精深博大。

今天，人们依然乐于述说古代的中国，就是怀念中国古代优秀的人物事迹，就是想汲取古代中国留给我们的伟大精神，建设更加美好的生活。

1. 孝感动天

"队队春耕象，纷纷耘草禽。嗣尧登宝位，孝感动天心。"这是舜的孝亲故事。舜是传说中的远古部落联盟领袖。

舜的父亲、继母和同父异母的弟弟，对他百般刁难，甚至多次准备害死舜。比如，让舜修补粮仓仓顶，却在粮仓下纵火；让舜掘井，却往井里填土。

舜的亲人，实在太坏。按照以牙还牙一报还一报的行为方式，舜实在没有必要善待自己的亲人。

可是，舜却善待自己的亲人，丝毫不记恨自己的亲人。

尧听到舜孝顺并且有处理政事的才能，就把自己的女儿嫁给舜，经过多年的考察，选定舜做继承人。

舜即位后，回家看望父亲。他依然像从前一样，对自己的父亲，毕恭毕敬，还封自己同父异母的弟弟为诸侯。

这个故事告诉我们，做儿女的不要动不动就和父母谈平等。父母对我不仁，我对父母也不义，这，要不得。

父子、母子关系，哪里有平等？没有父母，就没有子女，父母子女一开始就是不平等的。

父母对子女，从来都是关怀备至、百依百顺的，我们有什么理由不善待父母？

父母浑浑噩噩、骄横跋扈的，我们依然爱父母，我们依然用心、用行动爱父母、善待父母。这样，才算理解了父子、母子间的大道理。

一般，我们的父母，并不是像舜的亲人那样。那我们得以怎样的感恩和感激，去好好地尽心尽力于自己的亲人！

2. 亲尝汤药

"仁孝临天下，巍巍冠百王。莫庭事贤母，汤药必亲尝。"被后人称颂的"文景之治"，是汉朝非常兴盛的时期。"文"就是指汉文帝刘恒。

刘恒在母亲患病的3年里，经常整晚不睡觉，陪伴母亲。母亲要吃汤药了，他要自己先尝一下，然后才放心地让母亲服用。

在父母重病时期、在父母弥留之际，做儿女的应尽心照料、不敢放松，瞪大眼睛，守候着父母。父母睡得安稳，做儿女的就安心一点；父母呼吸急促，儿女们就不踏实，应立刻检查一下，是冷还是热，是不是需要打针服药、需要找医生处理。

现代医学与古代不同，父母服用的药物，不需子女亲尝了。可是，药物的原理是怎样的，需要好好体会。疗效怎么样，需要好好询问父母和医生，需要好好观察父母的身体反应，需要好好用心记录，和医生做好沟通。药物一天吃三次还是一次，饭前吃还是饭后吃，给父母拿每种药的时候，一定要仔细看清楚。

做儿女的，如果不能时时陪伴父母，不能每天都给父母拿好药物送到嘴边，那么，就要留意，药盒上介绍药名和服用方法文字的字体是不是太小，父母能看得清楚吗？父母会不会服错药物？是不是要用打印机打出大号的字体，写清楚药物名称以及一天吃几次，是不是用不干胶粘在药盒或者药瓶上面……

像汉朝的皇帝刘恒那样，尽心尽力服侍自己的父母，这样做本身就有实际的作用。除此之外，这样无微不至地细心照料，还会让父母安心，感到安全。这种安全感，比药物实际的作用意义还要大。父母身处安全和幸福之中，即使身体忍受病痛，可心里是暖的。

3. 啮指痛心

"母指才方啮，儿心痛不禁。负薪归未晚，骨肉至情深。"曾参是孔子的得意弟子，提出"吾日三省吾身"（《论语·学而》）的修养方法，著有《大学》《孝经》等儒家经典。

一天，家里来了客人，曾参恰好上山打柴去了，母亲情急之下，咬破自己的手指，盼儿子快回来招待客人。曾参果然感到心疼，便知道母亲在呼唤自己。后人评价此事说："骨肉至情深。"

我们常用"心有灵犀一点通"来形容恋人之间的亲昵。其实，父母是一点一滴伴随我们成长的人，从我们还不知道人世间道理的时候，从我们还不能说话、不能写字的时候，他们就开始陪伴我们。这样，每个人与自己的父母，是有很多交流的。今生今世，我们应该与自己的父母，最为默契。

也许，我们现在干的事情、做的那么多的工作以及处理复杂的社会事务和社会关系，父母不懂了。但父母即使不懂这些，也总能够了如指掌地知晓自己孩子的关于情感方面的一切。

然而，做儿女的，却未必能进入老人的心里，未必能体会和体谅父母的内心世界。曾参和母亲"骨肉至情深"，关系多么默契，多么让人羡慕。

当父母哺育幼子的时候，当儿女侍养年迈父母的时候，如果父母和儿女有巨大的落差，我们很容易进入情深似海、悲天悯人的感情状态，但不容易形成如同工作单位的同事般的平等共处的感情状态。如果能把这两种感情状态融合在一起，来对待的自己的父母，将大大有助于扩展父母的心灵空间。

儿女要和自己的父母做荣辱与共的人，做志同道合的人，做息息相通的人，做能够互相体谅的人。

4. 百里负米

"负米供旨甘，宁辞百里遥。身荣亲已殁，犹念旧劬劳。"子路是孔子的得意弟子，性格直率勇敢，十分孝顺。早年家中贫穷，自己吃野菜，攒下粮食，背回远在百里之外的家中给父母吃。

孝顺的孩子，总是有出息的。父母去世后，子路到楚国做了大官，自然吃穿不愁，甚至锦衣玉食。他怀念双亲，常常慨叹：现在，即使我想吃野菜，想为父母百里负米，父母已经不在了，这件事情也做不了了。

是的，天下的儿女，都会发出同子路一样的慨叹。自己尝到美食，却无法让父母吃到；自己有钱了，父母却不能花了……

孔子赞扬子路时说：你侍奉父母，可以说是生时尽力，死后思念。

是的，子路过上好日子了，不忘本。子路在父母活着的时候尽力侍养双亲，先父母后自己；父母死后还能追本溯源，还想把今天自己享受到的福让父母也享受到。

天下的孩子，往往有同感：年轻的时候，水平不够，精力和财力不足，难以给父母提供良好的物质条件；等自己事业圆满、水平提高、能力十足的时候，父母却离开了。最想孝敬的人却不在了，此时会感到财富对我如浮云，空有财富又有什么意义呢？

也不要这样想吧，能力不够、水平不高的时候，只要尽心尽力就好，父母能知道，自己的孩子非不为实乃不能，父母是不会伤心的。

没有父母可孝敬，把精力、能力和水平用到正路上就好。用到爱家庭、爱祖国、爱人民、爱世界的正路上去就好。

5. 芦衣顺母

"闵氏有贤郎，何曾怨晚娘？尊前留母在，三子免风霜。"闵子骞，孔子的弟子。他的生母早亡，父亲娶后妻，继母又生了两个儿子。但继母虐待子骞：冬天，子骞的两个弟弟穿着用棉花做的棉衣，子骞却穿着继母用芦苇的芦花做成的"棉衣"。

一天，父亲出门，子骞帮父亲牵车时，因寒冷打颤，将绳子掉落地上，遭到父亲的斥责和鞭打，芦花随着打破的衣缝飞了出来。

父亲恍然大悟，儿子子骞受到继母的虐待，返回家里，要休逐后妻。子骞却跪求父亲饶恕继母，说："留下母亲只是我一个人受冷，休了母亲三个孩子都要受苦了。"父亲十分感动，没有休后妻。从此以后，继母悔恨知错，待子骞如同亲生的孩子。

这个孩子，是孝顺的。

小小的年纪，就知道以大局为重，想的都是别人，唯独没有自己。一人受苦，全家快乐。他的行为能用今天的话形容："辛苦我一个，幸福千万家。""毫不利己，专门利人。"

震天动地的伟大，便是由这样的品质引发出来。这样的孩子，在家里，是好儿郎；在外面，是好栋梁。

这个故事，用继母来解释父母不能平等对待孩子的现实原因。其实，因为父母的年龄、阅历、心理状态和社会角色等方面的原因，父母在不同时期处于不同的状态，即使亲生的父母，也不能保证一样地、平等地对待自己的每个孩子。

相应地，在一个家庭里，不同的孩子对待父母的感觉也是不一样的。感觉会日积月累，慢慢就上升到感情的高度。这样，父母的多个孩子，每个孩子对父母的感情也是不一样的。

一个家庭里的多个孩子，对待父母的感情或深或浅。感情是不能强求的，不能强求每个孩子对父母的情感都是一模一样的。

然而，每个人都要走出家庭。对父母带上了不同情感的人，都同样地要进入学校、单位、社会、国家的。怎样和学校、单位、社会、国家相处呢？怎样和学校、单位、社会、国家发生感情呢？如何通过和学校、单位、社会、国家的交往，获得关于道德、理性、规则、正义、宏观、微观等方面的做人原则以及做事态度呢？

当然，通过后天的社会活动，既可以形成良好的做人原则和做事态度，也可以形成不好的做人原则和做事态度。

如果你不能深爱你的父母，没有和自己的父母建立深厚的感情，这个不能强求。很难想象，"芦衣顺母"故事里的主人公，他与继母能有什么真正的感情，可是他做得还不错。为什么呢？故事里的主人公，能够随父亲外出干活，说明当时他已经长大了，进入社会了，所以，他能逆来顺受接纳继母，主要还是后天形成的良好的做人原则和做事态度起作用了。加强后天的修养和道德，做一个好人，是非常非常重要的。

一个孩子，在家庭里，没有和自己的父母建立良好的感情；到社会上之后，又没有形成良好的做人原则和做事态度。这种情况，不乏其人。这样的人，对家庭不会好，对社会也不会好。对于这种人，社会和国家有一整套应对和处置的办法。然而，父母们却未必有。父母们该怎么办？是该远离还是该救赎呢？

在家庭里，也许父母怠慢过孩子，孩子没有和父母建立起深厚的感情。父母肯定不知道自己哪里做得不好，等父母的见识提高以后，等父母明白了以后，也许在父母今生的最后一刻，会表达歉意。

孩子是父母的一部分，父母永远会从整个家庭的角度、从全局的角度处事说话。但是，父母对于孩子呢？在另外的一个地方，还存在另一部分的你的父母吗？没有的。父母生养了你，想一想这些，不和自己的兄弟姐妹比较，对待父母的感情就会好起来了。

有了对父母的情感，有了后天通过和社会、国家交往形成的良好道德，父母会感到幸福，做子女的也会感到人生有意义，体悟到人生的美好。

6. 鹿乳奉亲

"亲老思鹿乳，身挂褐毛衣。若不高声语，山中带箭归。"郯（tán）子，春秋时期人，其父母年老，患眼疾，需饮鹿乳疗治。他便披鹿皮进入深山，钻进鹿群中，挤取鹿乳，供奉双亲。一次取乳时，看见猎人正要射杀一只鹿，郯子急忙掀起鹿皮，将挤取鹿乳为双亲医病的实情告知猎人。猎人敬他孝顺，以鹿乳相赠，护送他出山。

做儿女的，假如都是神仙，父母要什么，这些东西可以马上取来，如此的话，也就没有什么孝敬父母的故事了。现实的情况是，子女在能力、水平方面，都存在局限性。想孝敬父母，但各有难度。

春秋时期的郯子，为了孝敬父母，假扮成鹿，挤来鹿奶。他动脑筋了，想方设法了；他临危不惧，排除万难了。

孝敬父母，有时候需要这样的智慧。

7. 戏彩娱亲

"戏舞学娇痴，春风动彩衣。双亲开口笑，喜色满庭闹。"老莱子，春秋时期楚国隐士，为躲避乱世，自耕于蒙山南麓。他孝顺父母，尽拣美味供奉双亲，70岁尚不言老，常穿着五色彩衣，手持拨浪鼓如小孩子般戏耍，以博父母开怀。一次为双亲送水，进屋时跌了一跤，他怕父母担心，索性躺在地上学小孩子哭，博得二老大笑。

儿女一门心思善待老人，对父母尽心尽力乃至全心全意，这些相对很容易做到。但是，儿女往往忽视老人的快乐问题。我们简单地认为，只要让爸爸妈妈吃饱穿暖、安安心心的，爸爸妈妈就一定快乐了，没有必要特意地为爸爸妈妈表演点节目了。

老人离开社会，离开复杂的人际关系，除了儿女能够如此地重视自己的爸爸妈妈，世上还有谁能特意地给如此年迈的老人逗乐啊！

春秋时期的老莱子，就不同了。他知道，除了尽心侍候父母之外，还要让父母开怀大笑。

年迈的父母，看着自己的儿子穿上了彩色的服装，如婴儿般地啼哭，两代间的那种忘我和默契，犹甚于"啮指痛心"和"尝粪忧心"两则故事里的母子和父子。

8. 卖身葬父

"葬父贷孔兄，仙姬陌上逢。织缣偿债主，孝感动苍穹。"这是《天仙配》中董永的故事。

董永，东汉时期人，少年丧母。父亲亡故时，董永卖身为奴，换取丧葬费用，安葬了父亲。后来，董永与仙女成婚，妻子纺线挣钱，为董永抵债赎身。

虽然存在漫长的祭祀父母的事情，但是，安葬父母几乎是儿女们今生能为父母做的最后一件实实在在的事情了。父母的肉身，就在那里啊。那个肉身，没有呼吸，停止了活动，可我们都是从那里生出来的啊。我们好好地守在父母遗体身边，我们静静地守灵，静静地默念父母艰辛的一生，按照各种风俗和仪式去做……安葬父母，是一件有意义的事情。即使卖身，也在所不惜。这种精神，让人感动。

9. 刻木事亲

"刻木为父母，形容在日时。寄言诸子侄，各要孝亲闱。"东汉时期的丁兰，幼年父母双亡。他经常思念父母的养育之恩，就用木头刻成双亲的雕像，事之如生。凡事均和木像商议，每日三餐敬过双亲后自己方才食用，出门前一定禀告，回家后一定面见，从不懈怠。一天，妻子竟然戏弄木刻雕像，丁兰遂将她休掉。

人死后，呼出最后一口气，真的就从人间彻底抹掉了吗？不是的，伟人们，会有无数的追随者；普通百姓，会有亲戚朋友想念，至少，自己的孩子，会一直思念，一直怀念。所以，父母骨灰安放地、父母遗像、重要遗物以及遗言等，都是儿女们倍加珍惜的。按东汉时期的民间风俗习惯，大约双亲的木刻雕像如同今日的遗像、遗物。

这样的举动，让逝去的父母，似乎依然活在儿女的身边，儿女是温暖的。

故事里的主人公，父母早亡，木刻的双亲就在手可触、眼可见的身边，如同活着的父母，相伴相随。一方面，缅怀父母，感慨人生；另一方面，填补失落的感觉，安定自己的心灵。木刻雕像，起到传承的作用，连接着死和生，连接着过去和将来。小小的木刻雕像，恰如图腾，每日崇拜它、呵护它，当然不容任何不敬乃至玷污。

10. 行佣供母

"负母逃危难，穷途贼犯频。哀求俱得免，佣力以供亲。"东汉时期的江革，少年丧父，侍奉母亲极为孝顺。战乱中，江革背着母亲逃难，几次遇到匪盗，贼人欲杀死他，江革哭告：老母年迈，无人奉养。贼人见他孝顺，不忍杀他。后来，他迁居江苏下邳（pī），做雇工供养母亲，自己贫穷赤脚，而母亲所供甚丰。汉明帝时被推举为孝廉，章帝时被推举为贤良方正，任五官中郎将。

这个故事告诉我们，孝顺是得到社会认可的行为。孝顺的人，匪盗贼人都要动容；孝顺的人，得到国家政府一致认可。中国古代长期有"举孝廉"的政治制度，贤良方正的孝子被推举为孝廉，可以因这样的身份担任政府官员。

11. 怀橘遗亲

"孝悌皆天性，人间六岁儿。袖中怀绿桔，遗母报乳哺。"三国时期的陆绩，6 岁时，随父亲到九江谒见袁术，袁术拿出橘子招待，陆绩往怀里藏了两个橘子。临行时，橘子滚落地上，袁术嘲笑道："陆郎来我家作客，走的时候还要怀藏主人的橘子吗？"陆绩回答说："母亲喜欢吃橘子，我想拿回去送给母亲尝尝。"袁术见他小小年纪就懂得孝顺母亲，十分惊奇。陆绩成年后，博学多识，通晓天文、历算，曾作《浑天图》，注《易经》，撰写《太玄经注》。

12. 埋儿奉母

"郭巨思供给，埋儿愿母存。黄金天所赐，光彩照寒门。"晋代的郭巨，父亲去世后，他把家产分作两份给了两个弟弟，自己独自供养母亲，事母极孝。后来，家里贫困，郭巨生了一个孩子，老母爱孙心切，经常从自己的食物里省出来给孙子吃。郭巨担心，长此以往，必然影响供养母亲，遂和妻子商议："儿子可以再有，母亲死了不能复活，不如埋掉儿子，节省些粮食供养母亲。"当他们挖坑时，在地下三尺处忽见一坛黄金，上书"天赐孝子郭巨，官不得取，民不得夺"。夫妻得到黄金，回家孝敬母亲，并得以养活孩子。

如果时光能倒流，我们回到古代，就不会对埋亲生孩子的事情而感到万分吃惊。过去，由于不能控制生育，家里已经有了十个左右孩子以后，如果再出生孩子，很多就不要了。所以，好多家里都有一个木制的溺婴桶。我们不能用现在的眼光，审视过去的事情。因为，即使不溺死孩子也很难养活。

郭巨的难能之处是：他们要埋掉第一个孩子，准备养好老母亲之后，再要孩子。他把母亲，放在了家庭里至尊的位置上。

当然，孝行感动天地，故事以一个戏剧般的结局收场——挖到了金子！如今，随着时代的进步，我们要带着批判性的眼光看待这一行为。

13. 扇枕温衾（qīn）

"冬月温衾暖，炎天扇枕凉。儿童知子职，千古一黄香。"东汉时期的黄香，9 岁丧母，事父极孝。酷夏时为父亲扇凉枕席，寒冬时用身体为父亲温暖被褥。

父母养孩子的时候，夏日里，经常要给小孩儿扇风取凉驱蚊。东北的冬天很冷，至今我还记得，小时候母亲把我的棉裤在灶膛边烤热，当我刚穿上身时就不至于冻得很难受。

东汉的黄香，从小就这么懂得照顾父母，实在让人敬佩和敬仰。

14. 拾葚异器

"黑葚奉萱闱，啼饥泪满衣。赤眉知孝顺，牛米赠君归。"汉代的蔡顺，事母甚孝。当时正值王莽之乱，又遇饥荒，柴米昂贵，只得拾桑葚充饥。一天，巧遇赤眉军，义军士兵厉声问道："为什么把红色的桑葚和黑色的桑葚分开装在两个篓子里？"蔡顺回答说："黑色的桑葚供老母食用，红色的桑葚留给自己吃。"赤眉军怜悯他的孝心，送给他三斗白米，一只牛蹄，让他带回去供奉母亲，以示敬意。

这与"行佣供母"的故事类似。兵荒马乱，老人的安危依然是第一位的，孝行得到社会的普遍认可，孝顺父母是做人的第一原则。

15. 涌泉跃鲤

"舍侧甘泉出，一朝双鲤鱼。子能事其母，妇更孝于姑。"东汉的姜诗，娶庞氏为妻。夫妻孝顺，其家距长江六七里之遥，庞氏常到江边取婆婆喜欢喝的长江水。婆婆爱吃鱼，夫妻就常做鱼给她吃。其孝行感动天地，院中竟然喷涌出泉水，味道与长江水相同，每天还有两条鲤鱼从泉水中跃出。从此，庞氏便用这些鱼供奉婆婆，不必远走江边了。

16. 闻雷泣墓

"慈母怕闻雷，冰魂宿夜台。阿香时一震，到墓绕千回。"魏晋时期的王裒（póu），父亲王仪被司马昭杀害，他隐居以教书为业，终身不面向西坐，表示永不作晋臣。其母在世时怕雷，死后埋葬在山林中。每当风雨天气，听到雷声，他就跑到母亲坟前，跪拜安慰母亲说："裒儿在这里，母亲不要害怕。"他教书时，每当读到《蓼莪》篇，就常常泪流满面，思念父母。

小雅·蓼（lù）莪（é）

蓼蓼者莪，匪莪伊蒿（hāo）；哀哀父母，生我劬（qú）劳。

蓼蓼者莪，匪莪伊蔚（wèi）；哀哀父母，生我劳瘁。

瓶之罄（qìng）矣，维罍（léi）之耻。鲜民之生，不如死之久矣！

无父何怙（hù）？无母何恃（shì）？出则衔（xián）恤（xù），入则靡（mí）至。

父兮生我，母兮鞠我。拊（fǔ）我畜我，长我育我。顾我复我，出入腹我。欲报之德。昊（hào）天罔（wǎng）极！

南山烈烈，飘风发发。民莫不谷，我独何害？

南山律律，飘风弗弗。民莫不谷，我独不卒！

父母去世后，我们可能比父母活着的时候更加惦念家乡的山山水水、一草一木。此时，是北风怒号，还是小雨霏霏？是清亮的月光洒落在父母的墓地之上，还是晶莹的露珠润湿父母的墓地之旁？是冷，还是暖？是孤单，还是团聚？这些，都是子女们惦念的。

17. 乳姑不怠

"孝敬崔家妇，乳姑晨盥梳。此恩无以报，愿得子孙如。"唐代的崔山南，官至山南西道节度使。崔山南的曾祖母长孙夫人，年事已高，牙齿脱落。崔山南的祖母唐夫人十分孝顺，每天盥洗后，都上堂来用自己的乳汁喂养婆婆，如此数年，曾祖母长孙夫人即使不再吃其他饭食，身体依然健康。

曾祖母长孙夫人病重时，将全家大小召集在一起，说："我无以报答新妇之恩，但愿新妇的子孙媳妇也像她孝敬我一样孝敬她。"

后来崔山南做了高官，果然像曾祖母所嘱，唐夫人一家三代媳妇都非常孝顺。

这是一个非常动人的故事，这是一个善有善报的故事。

尽心尽力地侍养老人，并不所图什么，就是觉得此乃是应该。然而，已经习惯于给予的父母，在临终时刻，还是想着：自己还能给子女们什么？可怜的父母啊，此时他们自己的性命，马上就不保了，他们还有什么啊？还能给子孙什么啊？此时，几声断续的遗言，足以让人温暖一生；此时，几次飘忽的眼神，足以让人今生难忘；此时，几滴碎落的老泪，足以让人肝肠寸断……

18. 卧冰求鲤

"继母人间有，王祥天下无。至今河水上，一片卧冰模。"晋朝时期的王祥，生母早丧，继母朱氏多次在他父亲面前说他的坏话，使他失去父爱。父母患病，他衣不解带地侍奉。适值天寒地冻，继母想吃活鲤鱼，他走出屋子，解开衣服卧在冰上，冰忽然自行融化，跃出两条鲤鱼。继母食后，果然病愈。王祥隐居二十余年，后从温县县令做到大司农、司空、太尉。

如同"孝感动天"和"芦衣顺母"两则故事，晋朝时期的王祥，对父母的爱是无条件的，非常让人敬仰和敬佩。

有人可能会说，大冬天，干吗解开自己衣服卧在冰上捕鱼？找个锤子，砸开冰层不行吗？在冰上生火不行吗？哎，也许砸冰或者生火，就把鱼吓跑了呢。

不纠缠这些细节，其实，故事里的人物在孝敬父母的时候，表现出了一种痴心、一种失魂落魄般的痴情，这特别值得学习和效仿。

痴心和痴情，在孝敬父母的时候，非常必要。没有了痴心，也就没有了孝心。

19. 恣蚊饱血

"夏夜无帷帐，蚊多不敢挥。恣渠膏血饱，免使入亲帏。"晋朝时期的吴猛，8岁时就懂得孝敬父母。家里贫穷，没有蚊帐，蚊虫叮咬使父亲不能安睡。每到夏夜，吴猛总是赤身坐在父亲床前，任蚊虫叮咬而不驱赶，担心蚊虫离开自己去叮咬父亲。

8岁的孩子，就有如此的意志力和自制力，难怪中华民族创造了发达的文明，是世界上唯一一个绵延不息的文明。一般小孩儿，坐在熟睡父亲的身边，过一会儿就要忍不住要躺下的，一定会睡得甜甜的。

20. 扼虎救父

"深山逢白虎，努力搏腥风。父子俱无恙，脱离馋口中。"晋朝时期的杨香，14岁时随父亲到田间割稻，忽然跑来一只猛虎，把父亲扑倒叼走，杨香手无寸铁，为救父亲，全然不顾自己的安危，急忙跳上前，用尽全身气力扼住猛虎的咽喉。猛虎终于放下父亲跑掉了。

"鹿乳奉亲"，表达了需要用智慧孝敬父母。这则故事，表达了孝敬父母的时候，在极端时刻需要勇气。刹那间，只考虑父母的安危，那是亲子之间义不容辞的本能的反应。这种勇气，力大无边，震天动地，无论天上的霹雳，还是地上的猛虎，都要为之让路。

21. 哭竹生笋

"泪滴朔风寒，萧萧竹数竿。须臾冬笋出，天意报平安。"三国时期的孟宗，少年时父亡，母亲年老病重，医生嘱用鲜竹笋做汤。适值严冬，没有鲜笋，孟宗无计可施，独自一人跑到竹林里，扶竹哭泣。少顷，他忽然听到地裂声，只见地上长出数茎嫩笋。孟宗大喜，采回做汤，母亲喝了后果然病愈。后来他大有作为，官至司空。

22. 尝粪忧心

"到县未旬日，椿庭遗疾深。愿将身代死，北望起忧心。"南齐庾黔娄，是孱陵县令。赴任不满十天，忽觉心惊流汗，预感家中有事，当即辞官返乡。回到家中，得知父亲已病重两日。医生嘱咐他："要知道病情吉凶，只要尝一尝病人粪便的味道，味苦就好。"黔娄于是就去尝父亲的粪便，发现味甜，内心十分忧虑，夜里跪拜北斗星，乞求以身代父去死。几天后父亲却不幸去世，黔娄安葬了父亲，并守制三年。

"啮指痛心"表达母子连心。"尝粪忧心"这则故事，表达的是父子连心。

发现自己的父亲，即将不久于人世，子女能做什么？把能做的，都做出来吧——庾黔娄尝父亲的粪便，祈求己死父生。

现代医学，化验手段繁多，生命监护办法非常有效，不需要再这样做了。顺着人排泄物的话题，往下说一说。儿女侍候父母大小便的时间和次数一般要大大少于父母伺候儿女大小便的次数和时间，这大约是一个普遍的规律。

23. 弃官寻母

"七岁生离母，参商五十年。一朝相见面，喜气动皇天。"宋朝人朱寿昌，7岁时，生母刘氏为主母所妒，被赶出家门被迫改嫁。母子之间杳无音讯五十年了。神宗时，朱寿昌弃官入秦，与家人告别，发誓不见到生母不复还。后来，他终于找到了母亲。此时，他的母亲已经七十多岁了。

24. 涤亲溺器

"贵显闻天下，平生孝事亲。亲自涤溺器，不用婢妾人。"北宋时期的黄庭坚，是著名诗人、书法家，虽身居高位，侍奉母亲却竭尽孝诚。每天晚上，都亲自为母亲洗涤溺器（便桶），没有一天忘记儿子应尽的职责。这样的事情，本来是可以让家里的佣人做的，可故事里的主人公，一定要自己做，就给佣人树立了一个榜样，佣人侍候起他的母亲时，将会加倍地用心。

总览二十四孝的故事，能得到这样一个感觉——"父母是第一位的"。这是古代中国最重要的传统、最重要的伦理。

中国古人非常智慧和聪明，从上面的24个具体故事中，引发出一种精神，一种孝敬的态度，这种精神和态度，永不过时。

2012 年 8 月，由全国妇联老龄工作协调办、全国老龄办等机构发布了新版"二十四孝"，这是具体的操作事项。这些操作事项，反映了古代中国孝敬的精神，但主要还是面向城市人口的，很多做法并不适合农村人。

有总比没有好，毕竟让儿女们知道，自己可以为父母们具体做些什么。儿女们如果真能像新版二十四孝这样做，父母们同样会开心幸福。

1. 经常带着爱人、子女回家。

2. 节假日尽量与父母共度。

3. 为父母举办生日宴会。

4. 亲自给父母做饭。

5. 每周给父母打个电话。

6. 父母的零花钱不能少。

7. 为父母建立"关爱卡"。

8. 仔细聆听父母的往事。

9. 教父母学会上网。

10. 经常为父母拍照。

11. 对父母的爱要说出口。

12. 打开父母的心结。

13. 支持父母的业余爱好。

14. 支持单身父母再婚。

15. 定期带父母做体检。

16. 为父母购买合适的保险。

17. 常跟父母做交心的沟通。

18. 带父母一起出席重要的活动。

19. 带父母参观你工作的地方。

20. 带父母去旅行或故地重游。

21. 和父母一起锻炼身体。

22. 适当参与父母的活动。

23. 陪父母拜访他们的老朋友。

24. 陪父母看一场老电影。

十一、积极老龄化

当今世界范围内，对老年人的歧视很普遍：过低估计老年人的思维活力和工作能力，把他们的意见当作老一套，从而不重视；在社会生活和实际工作中排挤老年人；不了解老年人的实际心理、生理特点和生活能力，总认为衰老是消极的，衰老就是衰退、衰弱或损失；社会对正常的衰老产生恐惧和误解，对老人群体有偏见。对老人的刻板印象通常是负面的，而且也认为老人的价值不大，认为老人很苛刻、贪婪、贫穷、愚蠢、无用。因此，他们认为给老人提供较差的、不平等的待遇是合理的。媒体也总是以一种市场经济急功近利的方式展示年轻的重要性，并总是展示轮椅上的老年人形象，使得整个社会对老年人形成一种刻板的负面成见。

老年人的负面形象形成之后，一方面，使老人受到较少的关爱；另一方面，使老人自身不相信他们对家庭和社会有价值。这样，他们也就不会做出积极的、有意义的生活选择。

透过灰白色的缕缕头发和充满皱纹的斑驳皮肤，能够看到老年人为家庭所做的贡献、为社会和国家所做的贡献，能够看到老人波澜壮阔的一生。社会应该喜爱老人、尊重老人，直到老人生命的最后一刻。需要明白老年人的想法、心思和需要，理解老人并承认老人是社会的宝贵资源，整个社会也需要满足老人的需要。古语有言"家有一老，如有一宝""树老半心空，人老百事通""不听老人言，吃亏在眼前"，应该重视老年人的价值。

老年社会工作是指由社会工作者协助老年人认清困难与问题，寻找解决问题的途径，改善生活环境，改变行为、态度和动机，促进老年人生活能力的提升与自身潜能的发挥。"积极老龄化"是非常有必要的。

积极老龄化是针对个人、家庭和社会三个层面而言的，对于不同的层面，积极老龄化有不同的内涵和要求。

对于个人而言，积极老龄化是指进入老年的人享有充实的生活，以一种稍微区别于年轻人的状态参与社会生活、经济生活、文化生活和政治生活，并在上述各种生活中保持老年人的健康、安全，保持老年人的身心愉快。让老年人过上一种真实的、具有现实性的日子，让老年人感到自己有用，并且没有太大的压力。同时，让老年人能够按照自己的需要、愿望和能力继续学习，让老年人接受外界的新刺激。这样，老人们就可以更好地理解外面的世界，就可以校正并解决自身不断出现的各种问题，在较长时间里保持身心健康。如果老年人能够过一种美好的、具有理想的日子，老年人将会感到自己有前途，感到自己还有未来，并会把这个不太长的未来过得有滋有味。

对于家庭而言，在精神方面，家庭需要给老年人创造条件，让老年人仍然生活在家庭之中，还能亲历儿女的日常起居和各种闲谈；让老年人知道自己儿女的社会故事，如同父母在儿女年轻时候，给孩子们讲述社会一样，儿女应该经常给年迈的父母讲述社会的变化。

老年人哪里还会有更大的社会舞台呢？家庭容纳老人、儿女容纳老人，也就是老人可以获得的最大、最好的活动舞台了。家庭给老人这样的一个舞台，家庭的儿女会受益的，老人也会受益的。在物质照料方面，主要是要关心老人的身体健康状况，有病及时治疗，没病积极预防，帮助老人尽可能长期地不依赖他人，延长老人寿命的健康期和自理期。当老人失去部分或者全部自理能力进而需要帮助的时候，家庭能够保证老人获得各种保护和照料，让老人享受健康的生命质量和良好的生活质量。

对于社会而言，尊老敬老不应该是一句空话，需要落实很多的具体事情，需要制定详细的规章制度以及政策法规。整个社会需要创造让老人参与社会活动和让老人继续学习的一切可能的机会及条件，并且，不要破坏和阻挠老人参与社会活动，不要破坏和阻挠老人的继续学习。即使是年轻人，如果社会和国家让他们退出社会活动和学习活动，年轻人也照样会落后、跟不上时代变化的。

古语云："老将出马，一个顶俩。"意思是，老年人经验丰富，做起事来，其经验往往一个能顶得上两个人。曹操说："老骥伏枥，志在千里；烈士暮年，壮心不已。"

积极的老龄化承认老年人的基本人权，它以"独立、参与、尊严、照料和自我实现"为核心。这有理由要求整个社会在制度层面实现积极老龄化的目标。把"应该"尊老敬老转变为"必须"尊老敬老；把对老人的"施舍"转变为社会的"自足"；把"以需求和被动为基础"的养老战略导向转变为"以权利和发展为基础"的养老战略导向。积极的老龄化致力于实现这样的一个目标：在慢慢变老的过程中，老人在社会中享有的权利并不会慢慢变少。

只有在个人、家庭和社会三个层面上倡导和践行积极老龄化，才能最终实现积极老龄化的目标。让健康的老年人继续工作；让越来越多的老年人参与社会、文化和政治活动，让老人的才能和宝贵经验得到充分利用；降低老人的患病率、致残率；让所有老人获得安全感，得到物质和精神的双重照料；加强各代人的团结，在代际间建立和谐的关系。让老人生活在家庭里，让老人生活在社会里。

十二、老有所为

科学研究表明，在智力方面，老年人并不逊色于青年人和中年人。但在现实中的实际体验和实际情况，却往往与科学研究的结论相反，这可能是由于其他因素造成的。

老年人智力水平的"下降"可能与很多因素有关。老人退休了，退出了新鲜火热的生活，回到自己冷清的家里，变得无所事事起来。这种社会角色的转变有可能迅速地让老人进入智力衰竭的境地。身体上，老人更容易患心脑血管方面的疾病，包括呼吸方面的疾病，这可能让大脑的供血不足，造成老人大脑衰老。心态上，假如老人生活态度消极，百无聊赖，凡事悲观，否定多于肯定，这样的负面情绪笼罩老人，必然促使老人的大脑衰老。

老人自己可以树立进取心，实现老有所为。俗语说："树老怕空，人老怕松。"人到老年，如果没事情干，生活就会变得松散，起居无常。当人百无聊赖时，就会精神空虚，孤单和无用之感油然而生，加之身体机能的衰退，心态将变得更加不好。老年人的"空"与"松"会产生负效应，诱发各种身心疾病。相反，如果人到老年仍拥有进取心，勤于思考，乐于探索，就会有所超越，而不被孤独、寂寞、忧愁和烦恼包围，自然可以快乐健康。老年人回想自己的一生，多么的波澜壮阔，应该自己喜欢自己，自己珍爱自己，振奋起精神，实现更好的自我。

人到老年的种种好处：

60岁以前，工作是骨干，生活是中坚，上有指示，下有请示，家有苦事，经常把人搞得焦头烂额、疲惫不堪。

60岁以后，不再请示汇报，不再看人脸色行事。往日的争强好胜、恩恩怨怨、磕磕碰碰，都已烟消云散。用过来人的眼光辨清人间是非，心静如水，找回了自我；许多不切实际的渴望没有了，争名夺利的念头消散了。如同返璞归真一样，只求在人世中享受属于自己的那一份顺其自然的生活，真正步入了快乐的、自由自在的人生境界。

60岁以后，父母上天安息，子女成家立业，不再因为上有老下有小而劳心费神。回望人生旅途之坎坷，顿觉如释重负，轻松快活。

60岁以后，才真正懂得了"健康是第一财富"的道理，精心养生保健，不再计较个人得失，不再过度劳累，不再与生命开玩笑。

60岁以后，明白了"少年夫妻老来伴"的真实意义。回想过去，常因为家务小事斗嘴吵架；展望眼前，两鬓如雪染，眼花手慢，深切体味到相互关爱、难舍难离的可贵。

60岁以后，人的身体还健康，思维还敏捷，工作和生活经验丰富成熟，退而不休，可以做一些自己感兴趣的事情，仍旧可以老有所为。

老年人容易烦躁不安、脾气古怪，变得不好相处。但这也是所有年龄段的人都可能有的性格缺点，跟老龄没有直接关系，青年人照样可以烦躁不安、脾气古怪。还有人说老年人因循守旧、拒绝改变，但事实足以说明这是成见。

从智力因素方面，"老有所为"是存在可能性的。

脑科学认为，人们心理活动的生理机制主要是依靠脑神经元的树突、轴突和突触，突触和树突具有形态学和功能学的可塑性，这种可塑性可以使树突产生更多的关联，形成相当数量的新的神经环路，使中枢神经系统形成新的神经环路和新的树突网络，有效地补偿由于脑老化与神经退行性的改变而带来的神经结构缺陷。现代脑解剖发现，正常老年人的脑细胞的树突数量和长度都明显超过了中年人，说明人的大脑机能并不一定随年龄的增长而衰退。正常老年人的大脑神经结构并不全然衰老，有时甚至比某些中年人的大脑还好。一些研究表明，80 岁高龄健康老人的大脑活跃程度并不亚于 20 多岁的年轻人。

从人格性格因素方面，"老有所为"也存在现实性。

人到老年，性格以及人生观和价值观方面，必然发生不同于年轻时候的变化。比如，活了一辈子，看开事情了，也看淡事情了，性格上面比较慷慨；赶时髦、追时尚等事情再也不操心了，早就不那么"心随物动"了；老人比较安静，一生的阅历让他们在处理事情的时候比较全面，比较能够深思熟虑，也比较能够找到并抓到事物的本质和规律，找到解决问题的要害……种种方面表明，老人在处理复杂问题以及有难度的问题时，比中年人和青年人具有更大的优势。

清朝老将左宗棠出征时，已有 60 多岁，毅然担负起平定边疆叛乱的重任，"抬棺上阵"肃清叛乱分子，因捍卫边疆的领土而震动朝野。这无不说明老有所为是事实。古代的老人不服老，纠正了那种"人生六十万事休"的思想。"最美不过夕阳红，温馨又从容，夕阳是晚开的花，夕阳是陈年的酒……"这首歌不仅仅指老人可以好好享福，还指老人是可以大有作为的。

俗语"姜是老的辣"是有科学依据的。老年朋友们，树立起正确的老年观，力争做到老有所为。

"活到老，学到老"是保持大脑活力的重要手段。老当益壮，老夫聊发少年狂。鹤发松姿，皓首雄心，不知老之将至，亦是一种积极的老年状态。老年人需要坚定自己的信心，坚持用脑，坚持做有价值的事情，坚持从事有意义的活动，焕发起生活的热情，老有所为，为理想、为现实，为自己、为社会，为国家、为儿女，尽可能地把自己的最佳状态调整和激发出来。

人类个体的每个生命阶段都只能在社会和文化环境中得到发展。相应地，每个生命阶段也都有相应的社会文化义务。衰老是每个人生命的必经阶段，社会文化为每个人如何面对衰老提供了应对机制。一个老年人无论多虚弱，我们都能在他身上发现意志力和进取精神。这种意志力和精神来源于社会责任感。创造性的工作给人以完整的生命感，社会可以提供更宽广的舞台来供老年人展演生命最后阶段的芳华和风采。

十三、老年人的情绪

逐渐进入老年的人们，虽然其基本人格特征保持不变，但是会产生很多其他方面的变化。

老年人比较容易形成消极的情绪和情感体验，他们常常会感到身体明显不如以前，由于身体机能和抵抗力的下降，很容易受到疾病的困扰，而且疾病也通常会持续很长时间。老人还必然面临丧偶的痛苦，所有这些都会使老人产生冷落感、孤独感、疑虑感、忧郁感、不满感和老朽感。这些负面情绪常常充斥着老人的内心，时时伴随着老人。社会上也普遍形成一种偏见，经常把老年与身体虚弱、疾病缠身、年老无用联系在一起，并给老人贴上这样的标签。时间久了，老人自己也开始默认这样的负面的印象，放弃许多有意义的活动。

老年人情绪体验的强度和持久性并不随自己年龄的增长而降低，如果老年人碰到激动的事件仍然能像年轻人一样爆发强烈的情绪。虽然由于经验的影响，老人提高了对于熟悉事物的适应水平，但是，由于老人形成了比较稳定的价值观以及较强的自我控制能力，他们的情绪情感一般不会轻易地因为一点点环境的变化而变化。所以，情绪一旦被激发，就需要较长时间才能恢复平静。

负面情绪经常有，而且还挥之不去，这对老人的健康极为不利。需要老年人尽量以知足常乐的心态，来应对自己的情绪和情感问题。

老人自己需要善于控制情绪，这包括特别高兴的情绪和体验，高兴过头了也是要出问题的。希望老人们心胸开阔，有自我控制能力，尽量体谅别人，不苛求别人，尊重别人而不斤斤计较，建立良好的人际关系，使自己处于良好的心理环境中。

同时，也不能对老人的自我控制能力过分信任。主流社会认为青少年性格不稳定，所以自杀是这一年龄段存在的重要问题。其实，65岁及以上的老人仍然有着强烈的自尊，他们之中的自杀现象也有。身处绝境或患重病的老人更容易走此极端，因此应严肃对待老人的情绪问题而不能过分相信老人的自我克制能力。

　　老年人在可以得到生活方面的照料和精神方面的尊严的前提下，本能上会非常愿意与儿女同住。因为种种原因，不能与儿女同住的老年人，则希望晚辈常回家看看，主动与老人谈心，对他们的心理困惑给予必要的解释，为他们提供心理压力的释放渠道。有良好的家庭关系，能享受生活的安乐并得到儿孙们的精神慰藉。到老人生日或者特殊纪念日时，子女应多陪伴老人，让老人心情舒畅，让老人高兴。

　　家和万事兴，家庭和睦是老年人长寿的重要因素。老年人最怕的是夫妻之间、父子之间、婆媳之间闹矛盾。身处不睦家庭，难以平和度日。老人们希望老夫老妻相濡以沫，子孝孙贤，晚辈敬奉，爱子惜孙，倾力相助，其乐融融，心情舒畅，诸事百合，踏踏实实过日子。

　　如果老人出现心理抑郁以及失掉生活兴趣的情况，可以通过怀旧和回顾往日成就的方法提升老人的情绪。怀旧是指回顾老人过去生活中最重要、最难忘的事件或时刻，尤其是他们20—50岁时期这段被记忆得最清晰的30年时光。回顾过去可以让老年人重新体验快乐，帮助老人转变不良情绪。回顾往日成就有助于提高老人的尊严，而一个人的尊严是有利于身心健康的。通过回忆老人过去岁月中那些令人骄傲的事件和时刻，帮助老人重新找回自尊和荣耀，增强老人的勇气，减轻老人自责内疚的焦虑心理，帮助他们找回生命的意义。

　　老年人应该对自己有一个恰如其分的评价，克服自卑感和无用感。人生在世并不是只有在工作岗位上做贡献，也应该对家庭包括具体家务方面做出一定的贡献。一个人辛苦工作几十年，而对家务，对洗衣做饭、养育孩子、整理房间没有什么感觉，是不对的。趁退休后，身体还好，尽量为家庭多做一些，安排好家庭生活，为自己退休后的生活赋予新的内容。作为家庭成员也应该帮助老年人适应角色的转变。老年人应该逐渐建立适应新角色的行为模式，家庭成员也应该对其角色有一定的要求和期待。

如何对待年老的父母，是子女们一件重要的事情。这不仅是生活上或经济上的问题，也不仅是现实的、具体的关照技巧的问题，更是心理上的了解与态度问题。

十四、高龄老人感知觉的变化

年迫日索，日薄西山，老人们不免感到无所适从。正如托尔斯泰说过的："一个人最没想到的事情就是老年。"

人到老年，身心都有表征。生理上表现为皮肤逐渐粗糙褶皱，光泽减退，出现老年斑，同时伴有眼花、耳背、头发稀疏脱落、胸闷气粗、口齿不清，行动迟缓及性能力减退等。心理上，随着年龄累积，人开始出现抑郁多疑、急躁易怒、吝啬自私、沉默寡言、表情淡漠、心灰意懒、焦虑恐惧、混乱沮丧、记忆力减退、方向感缺乏，出现幻想、痴呆甚至有自杀倾向。这一切都令人不快，甚至恐慌。老年人如同一艘漏洞百出的航船，正在缓缓地驶向生命的终点，而且再无回航的机会。

人类的感知觉在老年期之前已经开始衰退，只是不太明显，五六十岁以后不仅听觉和视觉开始出现明显的衰退，味觉、嗅觉和躯体皮肤感觉等也都随年龄的增长而逐渐发生退行性的变化。

人的老龄化包括很多因素。第一，年龄老化。每个人都从幼年、童年、少年、青年、中年到老年，年龄逐渐增加。第二，生理老化。指人体结构与生理机能的老化。第三，心理老化。指对生理、社会等方面的变化所产生的心理不适应的程度逐渐加深。第四，社会老化。指老人的社会关系逐渐减少，老人的社会地位、在家庭中的角色和作用等方面逐渐弱化。第五，功能老化。指老年人的工作能力、创新能力、对新事物的接受能力以及社会活动能力等方面日渐下降。老人各个方面的指标都在下降再下降，如同一条人临死前的心电图，上下起伏的波峰，逐渐地变为一条没有波动的水平线，老人也就走完了自己的一生。

家人对老人的心理和生理上的变化，应该有足够的认识。比如，年岁大的人口味差，但是又不能吃太咸的东西，以免对血压不好。因此，可以靠食物的经常变化，来调剂老人的口味。或者通过大家一起吃饭，有家人的聊天，边吃边谈，也可以让老人吃得津津有味。又比如，年纪大的人，膀胱的容量减少，弹性变差，晚上需要多次起来小便，而夜晚光线不好，眼睛看不清楚，需要装上夜灯，照亮走廊，而且不要在老人行走的路线上面摆放东西，以免摔跤，致使老年人已经疏松的骨头骨折。

具体而言，老人的感知觉将有如下的变化。

老人的视力，近距离退化比较明显，所以老人近距离看儿女的时候，是看不清的。但是，距离远了，感情表达效果差，加之人的五官又小，老人也看不清。白居易的《眼暗》一诗反映了老年人受病痛的折磨："夜昏乍似灯将灭，朝暗长疑镜未磨。千药万药治不得，唯应闭目学头陀。"老年人看自己的儿女实际上是看不清楚的，更难察觉儿女面部表情的细微变化。老人也许与儿女的共情能力很强，但老人的视力是不可能看清楚自己儿女的，儿女们要清楚这样的一个事实。

老人的听觉，整体上对声音的敏感性下降，对高音的听力迅速下降。所以，激动的声音，老人一般感觉不到了。

老人的味觉是下降的，我们经常听老人抱怨吃饭饮食无味。实际上，食物的味道没有改变，而老人对酸、甜、苦、辣、咸五种味觉的感知能力减退了。考虑到老人饮食方面的特殊性，我国古代有很多好的习惯。在家中，年长者总是居于上席，始终备受照顾。老人的座位也要特别对待。《礼记·曲礼》中规定"群居五人，则长者必异席"。至于父子或尊卑之别较大者，则不许同席，更不能同座，儿孙辈只能侍立一旁，听候差使。饮食的结构也和尊老有关，每餐有汤，是因为老人唾液减少，汤具有润滑作用，以保证老人顺畅饮食。饮食重味，这是因为老人的味觉衰退，须味道浓烈，才能刺激老人的食欲。养猪养鸡，都是为保证老人日常的肉食，这是因为老年人对蛋白质有更大的需求……古人善良而聪明，这些都是西周时期《礼记·曲礼》中记载的关心老人的举措。

老人的嗅觉减退，很难闻到饭菜的扑鼻香味。

老人的触觉已经减退，老人的眼睛与鼻子的感觉能力下降。所以，老人流泪、流鼻涕，自己往往还不知道。

高龄老人中，感觉系统退化更加显著，甚至产生许多功能障碍。老人步履迟缓和步态不稳，是由于肌肉、关节的感觉反馈迟缓或不良所引起的。如果老人的视觉功能减退得不明显，还可以依靠两眼对路面高低的视觉反馈作用，有效帮助弥补肌肉和关节的感觉迟缓。但是，视觉再同时退化，那对老人而言真是雪上加霜，使得很多老人走路摇摆，颠颠簸簸，经常摔倒，即使在家里做简单的家务也会摔倒，甚至导致骨折。骨折后如果卧床，则会更加恶化老人的整体健康状况。

老人在温度感觉方面，对低温的感觉变得迟钝，有些老人，即使在室温很低的情况下，也不觉得冷。其实，老人是非常需要保暖的，这个时候，做儿女的就要给老人提供温暖的家，如同父母在孩子小的时候，非常注意孩子的冷暖一样，给老人买保暖的衣物，注意给老人随温度的变化适时地增减衣物。因为，此时的爸妈，温度感觉已经退化，已经不知道冷暖了。老人对室温的敏感度降低，而且自己身体的温度也随着年龄的增长而下降。部分高龄老人身体深部的温度甚至低于体表，而体表测出的体温并不低。另外，部分老人对室温变化的感觉非常迟钝，在很低的室温中也不觉得冷，这些对老年人的生存是非常有害的。部分老人的体表和身体内部的温度存在梯度，老人的身体内部温度如果下降到 35.5 度的时候，死亡率和患病率就会极大提高，这也是为什么在季节交替、气温骤变的时候，突然会增加很多的重病和死亡老人的原因。应该细心地照顾老人，因为此时他们已经不知冷暖了……

老人的记忆力开始减退。都说老人爱回忆，但是，老年心理学总结出规律，其实老人的回忆能力衰退得非常快，只是因为老人的再认知能力，获得新知的能力更加衰退的对比，我们就以为老人的回忆能力一定是增强的。其实，老人对近期事情的记忆能力也是非常差的。

高龄老人的智力下降也是较快的。老年人获得新观念、洞察复杂关系的能力，衰退得较快。老人已经很难理解复杂的人际关系了，有时候，即使理解了，也不会或者不能处理复杂的人际关系了。

老年人在情绪方面有一个长处，就是更善于控制自己的情绪。但是，因为老人对消极情绪的体验比较强烈而且持久，所以，善于控制情绪的这个能力实际上让老人有可能受到更大的伤害。这种情况与年轻人不同，年轻人不善于控制自己的情绪，少年儿童更不善于控制，说哭就哭，说笑就笑，所以少年儿童不懂得什么叫伤心。我们不要让老人伤心，否则对于老人来讲，伤心的刺痛非常强烈，而且持续时间非常长。老年人还有另外一个致命的弱点，老人非常容易产生消极和悲观的伤心情绪，如果儿女不给老年人解脱，甚至加剧老人的伤心，那么垂暮之年、雪鬓霜毛、村夫野老、龙钟潦倒、泪涕纵横的老人，情何以堪？

让老人有一个积极的情绪体验，让老人获得轻松感、自由感、满足感和成功感，是儿女的义不容辞的责任，也是社会义不容辞的责任。

当然，人的老化过程存在巨大的个体差异性。总之，儿女和社会应该积极地引导老人走出情绪情感问题的困境，应该积极地关心老人的衣食住行问题，让老人过上和美安康的生活。

十五、老人的离去

"大化有四"是说人生的最大变化阶段有四个，即人的婴儿、少壮、老年和死亡。

王国维在《蝶恋花》里写道："最是人间留不住，朱颜辞镜花辞树。"《汉书·晁错传》里面说："人情莫不欲寿。"对生之世界留恋，对死之世界期望来得晚一些，最好更晚一些时间到达。延长生命是人类从古至今的普遍愿望，但所有的人都会有一死，从古至今概莫能外。

人自然衰老的过程可分为发育期（从出生到20岁）、成熟期（20～40岁）、渐衰期（40～60岁）和衰老期（60岁以后）4个阶段。关于老年期有一种惯用的划分方法，一般认为，75岁以下的称为年轻的老年人，75～85岁称为较老的老年人，85岁以上的称为很老的老年人。

人为什么一定要离开这个眷恋的世界，人类的肉体为什么不可以长生不老，为什么没有人找到可以成仙的道术、可以永生的方法？

现代科技逐渐地解开了生命之谜，逐渐地用科学证明了每一个人走向死亡的必然。

其一，为维持物种的生老繁衍任务。老化现象的出现是人刚一降生下来就通过事先安排的遗传程序被触发的。也许，我们的生命程序、我们的生命时钟是精确到分秒的。过去经常说一句被认为是迷信的话："生死有命，富贵在天。"民间俗语里也有一句话："阎王叫你三更死，谁敢留人到五更。"用今天的遗传科学分析一下，其实，这些话并不完全是迷信的和没有道理的，按照现代遗传学的观点，人的死亡时间在他刚刚诞生的时候自动程序就已经设定好了。

其二，大脑是整个身体的总指挥部。大脑细胞是功臣，它也被称作中枢神经细胞。中枢神经细胞从人降生后，其数量就是固定的，终生不再增加。中枢神经细胞不再增加并不可怕，主要是因为我们的中枢神经细胞的数量实在太多了，足以维持我们的一生，即使最伟大科学家也还有很多中枢神经细胞没有被使用。但是，人体细胞在不断进行新陈代谢的过程中，会产生脂褐素，这是一种脂肪状的物质，它在中枢神经细胞里聚集，逐渐破坏中枢神经系统的功能，造成中枢神经系统在调节身体的各个系统（比如内分泌、心血管、免疫和呼吸系统）和器官（比如五官、肝脏、四肢）的时候出现困难。总指挥出问题了，就会引起人们身体的衰老乃至死亡。

其三，遗传消息失误，形成了报废的蛋白质，这种蛋白质积累起来，导致人体的衰老。比如一个器官，它的功能是持续一生的，组成这个器官的基本要素却不停地代谢，比较小的代谢物质就是组成这个器官的细胞。人体有 RNA、DNA 的遗传物质，总能记忆特定的人的特性和特征，把每天大家吃进肚子里的蛋白质等营养物质转变为组成每个人身体器官的元素。由于 RNA、DNA 的遗传物质总是记着特定人的特征，所以，我们的器官不管怎么样的代谢，新形成的总和过去的一样，还是这个人的器官。所以，吃人的营养物质，蛋白质等都是一样的，之所以变为身体外形与内在千差万异的不同个体，就是那个被称为遗传物质的 RNA、DNA 所塑造的结果，由此可见遗传物质 RNA、DNA 的重要性。可是，在 RNA、DNA 等遗传物质数十年片刻不停地控制蛋白质塑造人体各个器官的过程中，如同工厂不能保证百分之百的成品率一样，随着年岁的增长，累积起来的报废细胞越来越多，从而影响器官的功能，影响身体的健康，最终致命，导致人的死亡。当今时代，环境问题、食品问题、药品等问题，作为影响人体的外部因素，扰动 RNA、DNA 等遗传物质，将加速人体的衰老和死亡。

其四，氧自由基代谢失衡。一个铁器，空气中的氧气弥漫在铁器的周围，悄无声息地与之发生化学反应，让铁器锈迹斑斑，最后，铁器报废。同样，我们的身体也好比是一个铁器。在我们的身体里，存在一些让人得病的氧自由基，而且这些氧自由基积累得越来越多，促使我们身体里的大分子物质发生氧化损伤，进而造成身体相应的组织细胞发生病理损害，加重人体临床病症，最后死亡。

其五，环境方面。空气、饮用水、噪声、地面污染等，对人体有害，可以使人致畸、致癌、致死。另外，人类生存环境的恶劣，比如过于繁重的体力或者脑力劳动，过高或过低的温度，各种辐射，各种传染疾病，各种自然灾害，也会损伤乃至危及人体的健康。

其六，一些化学合成的日用品，包括种类繁多的食品添加剂，不同程度地危害人体健康。

其七，营养和健康习惯方面。营养不足或者营养过剩，暴饮暴食，不注意饮食卫生，烟酒刺激，外伤等因素对健康的损伤也很大。

其八，情绪和情感方面。长期的负面情绪，比如压抑、焦虑、抑郁、恐惧、紧张和生闷气等情绪和情感问题，或者生活中遭遇到重大变故，对健康的影响也是非常巨大的。

其九，地球引力。没有地球引力，人类也许居无定所，也许像一片片羽毛、一粒粒尘埃，还不知道飘在哪里。地球引力让人类定居下来、稳定下来。但是，这个地球引力几十年地作用于身体，促使到老年的时候，内脏不仅在体积方面缩小而且还要下垂，原来的一个椭圆形的心脏，变成一个扁茄子形状了，还偏离了心脏原来的位置。地球引力也会影响相应的血管，进而影响内脏的机能，使身体逐渐进入病态。有些富豪人物，自己出一大笔钱，到太空走一圈，除了冒险猎奇外，还有实用功能，就是想脱离一下地球引力。宇航员们在太空上待几个月返回地球后，可以年轻好几岁。凡夫俗子，不可能逃离地球引力，不可能修复被地球引力所弄歪挤扁的内脏，不可能恢复至人之初如婴儿般的圆润生机。

所以，人类终将一死的命运，如同遗传程序在人诞生的那一刻就已经准备好了死亡的安排，按时触发。任何人只要选择了来到这个世界，就不能回避这种预设安排。如同逃离不了地球引力一般，任何人都逃离不了死亡。既然死亡是不可逆转的自然规律，那就无须畏惧它。生与死是同一个事物的两个方面，了解死亡便知道珍惜生命，懂得生命的意义便能勇敢地面对死亡。

心理学家肯尼斯·赖因格，根据经过救生抢救又复生的人的叙述，将濒临死亡的体验归纳为五个阶段。

第一阶段，安详和轻松。觉得自己在随风慢慢地飘扬，当飘到一片黑暗中的时候，感到极度平静、安详和轻松。

第二阶段，意识逸出体外。觉得自己的意识游离到天花板上面或者半空中，有的人觉得自己的意识脱离了自己的躯体，在远处极其冷静地观察着医生或亲友在自己的躯体旁忙碌着；有时候，自己的意识还会回到躯体里。

第三阶段，通过黑洞。觉得自己被一股旋风吸到一个巨大的黑洞口，并且在黑洞里飞快地向前冲去，自己的身体被牵拉、挤压，洞里不时出现嘈杂声音。此时，心情很平静。

第四阶段，与亲友聚会。黑洞尽头隐隐约约闪烁一束光线，接近这束光线的时候，觉得那里有亲朋好友在聚会，亲朋好友在洞口迎接自己，从而获得一种很纯洁的感情。这些亲朋好友有的已经去世，有的还活着。他们的形象都高大、绚丽多彩、光环萦绕。此时，自己一生中的重大事情一幕幕地飞逝而过，很多是自己人生中经历的特别美好和非常愉快的重大事情。

第五阶段，与宇宙合一。当与那束光线融为一体的时候，刹那间，觉得自己与宇宙融合在一起，同时获得了一种最完美的情感，并且自以为掌握了整个宇宙的奥秘。

生命是神圣的。生命是这个世界的灵魂，人从一个个小小的受精卵慢慢发育成一个个具有独立意识，一个个顶天立地、敢作敢当的人，让我们对我们自身生命存有非常强烈的神圣之心和敬畏之心。

哲学家罗素认为，一个人的生命历程应该像一条河——开始涓涓细流，在狭窄的堤岸间行进，冲过岩石，跳过瀑布；其后水量变大，流速湍急；最后，堤岸后退，没有明显的停顿，汇入大海，毫无痛苦地失去自我之躯。人到老年，看到自己的生命历程能像这条河一样，他就不会惧怕死亡，因为他所挂念的事情会延续。而且，精力衰竭，疲倦不堪，永久的休息也是令人神往的。

对于年轻人来讲，死亡是一个很遥远的话题；对于老年人来讲，死亡是一个迫在眉睫的生命阶段。有尊严地正视死亡，就成为人生最后的一项光荣而伟大的任务。

十六、临终关怀

临终关怀不同于安乐死，不人为加快死亡；临终关怀也不同于干预性治疗，不人为保持病人的存活。临终关怀的主要任务包括对症治疗、家庭护理、缓解症状和控制疼痛等，目的在于减轻或消除病人的心理负担和消极情绪。

《老年人的生死心理教育》这本书提供了这样一个实例，96岁高龄的张婆婆伸到空中的手，像寒风中的枯枝，颤抖着。她终于触到护士小曹的手，长长地呼出一口气，脸上露出一丝微笑，然后安详地走了。

张婆婆伸手握到的虽然不是自己的亲生子女，但还是微笑着满意地走了。

中国的传统习俗，历来很重视人的"善终"。一个人可以终身受穷，也可以一辈子庸庸碌碌、无所作为，然而，人生的结局要善终，一定要让自己太太平平地离开人间。

在临终阶段，老年病人除了生理上的痛苦之外，更重要的是对死亡的恐惧。人在临死前，精神上的痛苦应该是远远大于肉体上的痛苦的。因此，一定要在控制和减轻患者机体上痛苦的同时，做好患者的临终心理关怀。

老年病人进入濒死阶段，最开始是心理否认期，这时，病人往往不承认自己病情严重，否认自己病入膏肓，总希望有治疗的奇迹出现。

当病人知道自己的病情确实没有挽救的希望，预感已面临死亡时，就进入了死亡恐惧期，表现为恐惧、烦躁、暴怒。

当老年病人确信死亡已经不可避免，而且随时都可能死去的时候，此时，病人反而沉静地等待死亡的来临，也就进入死亡接受期。病人可能非常平静、安逸、悠然；同时，病人也很虚弱、衰竭。此时，对病人的医疗护理工作应该照常进行，不可停顿；同时，适当给病人盖好被子，放正枕头，整理好蓬松的散发，细声询问亲人有何要求，尽量不让自己的亲人带着痛苦的心情死去。

濒死者的临终关怀可以分为三个水平：最高的水平是没死，保存了生命；其次是帮助濒死者解除痛苦地死去；最差的是让濒死者痛苦地死去。

当死亡不可避免时，病人最大的需求是安宁、避免骚扰，需要亲属耐心地陪伴，给予精神安慰和寄托，或者满足老人的某些特殊的需要，如写遗嘱，见见最想见的人等。老人的亲属都要尽量给予病人精神上的安慰和照料，使他们无痛苦地度过人生最后时刻。濒死老人只要意识清晰，一般都会想象将要和亲人分离的情景，并且根据自己原有的希望，回顾一生，并做出评价。一边开始关心不熟悉的向死亡过渡的状态，一边仍不停顿地回顾自己的一生，梳理自己的社会生活和精神生活，或带着满意和庄重，或带着惆怅和茫然，或带着兼而有之的混合感觉，恣意人生，撒手人间，告别人世。

一般的临终关怀，大都向着两个方向发展：

一方面，临终的老人非常渴望亲情，渴望身体抚摸、拥抱、握握手、贴贴脸颊。有研究表明，听觉功能是临终老人最后消失的功能，我们虽然不强迫老人交谈，但只要可能，我们应尽可能地在老人耳边轻声地、清晰地和老人说话，老人就将获得莫大的安慰。

另一方面，此时的老人也可能会产生反向的关怀。父母数十年如一日地关心和照料自己的儿女，数十年如一日地挂念和牵挂自己的儿女，此时，濒死老人有可能依然一如既往地流露出对自己儿女的关爱。老人也可能主动地抚摸自己的儿女，关切地嘱咐这个嘱咐那个，只要可能，就让爸爸妈妈表达他们对儿女最后的爱吧！春蚕到死丝方尽，蜡炬成灰泪始干！亲爱的父母，一生已经习惯关爱孩子，只要他们清醒，他们到生命的最后，仍会给自己的子女最后的温暖。最后，父母在儿女的手中，在儿女的脸旁，也许露出丝丝的微笑，轻轻地闭上双眼，呼出最后一口气，安详得如同睡着了一般……儿女可以让爸妈放心地、安详地走了……

　　有时候，这种反向的临终关怀，也可能表现得很壮烈，乃至超出家庭的范畴。三国人物诸葛亮，临终前不仅嘱咐好后事安排，甚至还安排手下造一幅自己的木像吓退司马懿。也有的老人，甚至把自己的遗体捐献给医学院供学生解剖，自然就省去了子女为自己操办丧事的辛劳……只要是真实的、朴实的、情愿的，子女都要满足老人的临终嘱托。

第九章

亲友、邻里与社会

一、三代为亲是事实

隔代越近，关系越亲密；隔代越远，关系越疏远。三代以前的先祖，人们很快就会忘记他是谁了。

二、一家有事，亲戚会聚

传统社会的亲戚伦理从属于家庭伦理，因此，传统亲戚伦理的原则就是传统家庭伦理的原则，仅仅在表现形态上略有不同，大方向和很多具体做法都是类似的。在传统社会里，家族实行父权制。在父族同宗亲属中，有至高无上的族长，全族权力集中于族长，各同宗亲属都必须服从于族长；在众多的宗族亲属中，父子承袭，男尊女卑，嫡庶长幼有序，财产由嫡长子继承，为了维系同宗亲属的思想并保持统一，同宗亲属提倡"孝""悌"，崇拜祖先，规定每年举行族会数次，或祭祖或惩戒。这样，同宗亲戚在"父为子纲""夫为妻纲""男尊女卑""上尊下卑"的伦理准则下，结成了一种宗族亲属圈和宗族亲属网，每个人都是这个亲属圈中的成员。

今天，宗族组织的规范作用基本上不存在了，作为一种古代社会制度被彻底摧毁掉了，通行在亲戚之间的封建宗法原则也逐渐被破除。然而作为人类社会发展的新阶段，因血缘关系形成的宗族亲戚以及因姻缘关系形成的姻缘亲戚依然存在。人们一生下来，就加入到一定的亲戚圈，被一定的亲戚网所笼罩。这是社会关系的一种具体表现形态。如果人们无视这种亲戚关系及其规范，或者试图脱离这种亲戚关系及其规范，那么他就不得不事先做好被排除亲戚圈的精神准备，等于把自己与亲戚隔离开来、孤立起来。因此，即使是现代社会，为了维持正常的亲属关系，仍然要用亲戚之间的伦理，调节亲戚之间的关系，使之相处和谐、融洽、亲密。同时，这种亲戚圈的融入，不是无条件和必需的，不同于对待自己的父母，亲戚如果实在无益甚至是有害于自己的家庭，则不需要勉强维系这样的关系，这样做在现代社会是没问题的，一切都行得通。

现代亲戚的伦理准则可以参照现代家庭伦理的准则。例如，对于亲戚中的祖父祖母辈，不妨以对自家祖父祖母的态度对待；对于亲戚中的父母辈，不妨以对自家的父母的态度对待；对于亲戚中的兄弟姐妹辈，不妨以对自家的兄弟姐妹的态度对待；对于亲戚中的晚辈，不妨以对自家的晚辈的态度对待。总之，可用尊老爱幼、互助关心、互相帮助来概括亲属关系的核心内涵。在实际行为上，个人的做法可以有亲疏远近的区分。比如，逢年过节送礼物，对于至亲、近亲，就应当厚重些；对于远亲，就可以略薄些。

维系日常亲戚关系，并不排斥实用的功能和功利的目的，一家有难，其他亲戚应无私援助，尽量尽力相助，绝不能见难不救，或斤斤计较自家得失。

三、朋友

朋友之间的情分叫做友谊。友谊是人生最美好、最重要的精神财富之一。

友谊的实质是朋友之间在心灵、思想、情操等方面的共鸣和默契。只有志同道合的人，彼此才能成为朋友；只有拥有共同的人生观、价值观、道德观的人才能成为朋友。

在历史和现实生活中，有些人以某种功利为目的结交朋友寻求友谊，有些人为了达到个人欢乐的目的而结交朋友寻求友谊，这两种人寻求的不是真正的朋友，寻求的不是真正的友谊，因为他们的目是为了从对方身上得到某种利益，为了自己获得欢乐。

他们并不热爱对方，并非与对方相互尊重才产生相互依恋的情谊。他们仅仅把对方作为提供利益和欢乐的工具。这种"友谊"带有机会主义的特性，带有偶然的特性，一旦一方或者双方追求的某种利益到手了，或者获得了某种欢乐，彼此不再需要，这种"友谊"便转瞬即逝，这是酒肉朋友、金钱朋友，这种友谊只是镜花水月。

真正的友谊是君子之交，是不以个人利益为基础的。它不需要某种利益或欢乐来开路。真正的友谊需要朋友双方尽可能多在一起相处，共同思考人生。在精神交往之中，共同欢乐，共同悲伤，相互理解，相互尊重，相互信赖，平等相处。真正的友谊并非不言利，而是把为对方分担忧愁作为自己应尽的情分和义务。在某些特殊情况下，人们甚至可以为朋友而献身。这才是真正的朋友，这才是纯洁的友谊。

友谊仅是朋友之间的一种默契，它对双方的权利与义务没有强制的规定。谁与谁结交朋友，完全是自发的和自愿的。人们在广阔的社会生活中，把少数的相逢者视为知己，自愿为朋友履行义务——相互关心、相互帮助、共度时光。但是，谁也没有权利要求对方必须为自己尽什么义务，相反，作为朋友，自己应该主动为对方履行一定的义务；在为对方履行了一定义务之后，也不应要求对方做出相应的报答。否则，他们之间就不是朋友了，彼此的友谊就不纯洁了。

随着交往的深入，如果双方因潜在的思想差异发生了矛盾和冲突，或者双方思想因向不同方向发展变化引起了关系的渐行渐远，以至双方的心灵不能继续交流和结合，那么双方的友谊也就自动终止了，朋友关系也就自动完结了。

正因为朋友间的友谊源于自我的自由选择，所以友谊的情分常常优于血缘的兄弟姐妹情分。人世间的知己者常常不在兄弟姐妹中间，而在没有血缘关系的朋友中间。但是，血缘亲属之间的友谊更为稳固，因为它是先天自然形成的。在重大关键时刻，常常会超过朋友之间的友谊。

马克思说，朋友之间的友谊应当用真诚去播种，用热情去灌溉，用原则去培养，用谅解去护理。这是对朋友伦理的最好概括。

四、邻居

远亲不如近邻，邻居之间地理位置邻近、生活空间相连，彼此容易建立深厚感情。

每个人的个性不同，每个家庭的生活方式、思想观念、家教家风也各不相同。邻居之间相处的距离近、接触机会多，彼此之间也很容易产生矛盾，邻里纠纷也成为躲不开的烦恼。

邻居之间的关系可以用互尊、互助、互让、互谅的原则来处理。

五、家庭与社会

家庭的生存和发展取决于良好的社会环境、安定的政治环境和正常的经济秩序，家庭必须接受社会和国家的文化教育，依附于社会和国家的力量，并为社会和国家服务，这样才能使家庭或家族兴旺发达、光宗耀祖。在特殊情况下，当社会和国家遭受外族侵略或发生动乱时，家庭的生存和发展也必然受到影响，甚至会家破人亡。因此，历代都十分重视社会和国家对于家庭的意义，把社会与家庭之间的利害关系比喻成为唇齿相依关系：唇亡则齿寒，唇存则齿暖，从而自觉地把家庭的命运与社会的命运联结起来，为国而忘家，保家而卫国。

为此，祖辈们提出"修身、齐家、治国、平天下"的思想，把家庭与社会紧密结合起来。

现代社会，家庭成员参加工作、步入社会之后，分属于不同性质的机关、学校、企业、公司等团体，家庭成员之间的旧式血缘关系被削弱，并被新式的地缘关系和业缘关系冲击和部分取代，以血缘为纽带的家庭在社会生活中地位逐渐降低。

但是，家庭在现代社会中仍然处于重要的地位，它仍然是社会的细胞，家庭的状况仍然直接或间接地影响到社会的兴衰。人们在家庭生活中是否遵循正确的家庭伦理，对社会生活的影响极大。

从消极意义上说，家庭不和睦会影响到社会的安定团结。例如夫妻离婚、家庭解体；子女不孝而发生不赡养老人，甚至虐待老人、使老人流离失所；家长缺失而导致儿童身心健康出现问题，甚至使青少年走上犯罪道路；家庭成员不平等而出现不和与纠纷，如此等等都会酿成社会问题，给社会造成不安定因素。

从积极意义上说，在家庭生活中遵循正确的家庭伦理，生活在一个幸福、和睦、美满的家庭里，身心会得到比较全面的发展，人们就会以健康的、文明的、积极向上的姿态，投身到社会职业生活和社会公共生活中去，并做出自己应有的积极贡献。不仅如此，他们还会自觉地通过家庭伦理这个纽带，把家庭与社会联系起来、结合起来，正确认识和处理家庭利益与集体利益或社会利益的矛盾，当家庭利益与社会利益二者有冲突而不可兼顾时，才能够牺牲家庭利益，服从和服务于社会利益和集体利益。

六、公德与私德

社会学家费孝通做过如下比喻：我国传统社会的人际关系，以自己为中心，像石子投入水中一般，形成许多圈的波纹，一圈圈推出去，愈推愈远，愈推愈薄，最后趋于消失。每个人都是一个中心，根据亲疏差序，形成独特的伦理关系。以父子关系为最亲，其次是兄弟，再次是夫妻，然后是亲戚、亲属，最后是朋友、同学同事、同乡……层层外推，直到与自己有点沾边的人为止。家庭与社会通行同一伦理原则，社会伦理不过是家庭伦理的延伸和推广。

现代社会比传统社会复杂，每个人有更多的机会脱离原来的血缘关系、家族关系，个人关系随着大工业化社会、公共事业的建设，产生了更广的团体关系和集体关系。在新时代，需要延伸原来的血缘关系和个人关系，需要培养社会主义公共道德，需要培养富强、民主、文明、和谐，自由、平等、公正、法治，爱国、敬业、诚信、友善的社会主义核心价值观，需要培养集体主义的价值观和伦理观。

现代社会不仅需要家庭伦理，也需要社会伦理，二者不能偏废。从社会发展趋势看来，现代社会结构已从偏重家庭格局向偏重团体格局转变，人们几乎都生活、工作或学习在各种社会团体之中，对团体的依赖大大超过了对家族的依赖，社会伦理显得越来越重要了。但是，社会伦理又不是凭空产生的，不是人进入社会之后才开始形成的，社会伦理继承和发展自家庭伦理，家庭伦理是社会伦理的根据和基础。

因此，正确处理家庭伦理与社会伦理的关系成为现代社会的一个重要问题。我们既不能用社会伦理来取代家庭伦理，犯"极左"的错误；也不能用家庭伦理来取代社会伦理，犯"极右"的错误。我们应当在社会主义集体主义原则的指导下，把家庭伦理和社会伦理结合起来，既提倡家庭伦理，又提倡社会伦理。在提倡社会公德、职业道德、家庭美德的同时，批判地继承富有人情味的传统家庭伦理，完善家庭伦理。

家庭美德建设在社会主义思想道德建设中具有重要的作用，把家庭美德建设作为社会主义精神文明建设的重要任务之一，重视社会公德、职业道德和家庭美德建设。在家庭美德方面，提倡尊老爱幼、男女平等、夫妻和睦、勤俭持家、邻里团结，积极建设现代社会的伦理道德。

第十章

家庭冲突

一、严重的家庭伦理冲突

家庭伦理冲突包括家庭暴力、非婚同居、互换配偶、同性恋、双性恋、变性、不当的网恋、不当的网婚、重婚、代孕、不当的人工生殖等伦理问题。

二、普通的家庭伦理冲突

即使是志同道合的恩爱夫妻，有较多的共同语言，也不可能达到形同一人的境界。每位家庭成员都是活生生的个体，每个人的人生观、价值观、伦理道德观各不相同，绝大多数的家庭内部存在着这样或那样的矛盾，会发生这样或那样的冲突。正如俗话说的"家家都有一本难念的经""哪家都有八出戏"。实际生活中，家人之间伦理关系十分和谐、融洽的理想家庭几乎是不存在的，即使有也是不多见的，或者不过是暂时的现象。

家庭成员之间唇亡齿寒、休戚相关，有着共同的家庭利益，而且有血缘关系和婚姻关系这两种纽带把大家联结在一起，所以彼此之间的矛盾和差别常常被掩盖了。

然而，当在一定条件下，家庭发生重大事件，例如婚丧嫁娶、遗产分配、基本建设等情形时，家庭成员之间的思想差别就会显露出来，从而会引起复杂的矛盾和激烈的冲突，这是正常的现象。幸福的家庭不在于没有矛盾和冲突，而在于敢正视这些矛盾和冲突，善于处理它，并做出正确的选择。

一般的家庭伦理冲突的实质归根到底是家庭成员的个人利益与家庭集体利益的冲突。对冲突的解决和处理不外乎两种方案：一是以个人利益为目标，一是以家庭集体利益为目标。最佳的办法应该是寻找合情合理又合法的方案来解决。

三、产生两种欲望，形成两种满足方案

人的欲望有两种：一种是满足自己对物质和精神的欲望，另一种是满足别人对物质和精神的欲望。

满足欲望的方法也有两种：一种是通过自身的努力满足欲望，另一种是借助别人的力量满足欲望。

在这两种欲望和满足欲望方法的组合中，最具社会意义的组合是通过自身努力实现自己满足别人对物质和精神的欲望，而另一种组合是借助别人满足自己对物质和精神的欲望。

夫妻双方只有都将通过自身努力，不断自我教育，增加知识，将维护家庭的完整、保证家庭成员身心健康当作自己生活的责任，设法满足对方物质和精神需要的欲望，才会组成美好幸福

的家庭。

在家庭内部，也无须过分清高，不能完全否定家庭内部的功利主义价值观，不能完全否认家庭领域的自利目的。比如，一位家长如果说，我一点也不指望我的孩子能为我做什么。那么，这个家长，心里怎么想我们无法得知，但仅凭其说出口的这句话，就能判定，这位家长，基本不是一位称职的家长；这个孩子，也大概率不会成才。假如一位母亲，一生兢兢业业养育儿女，在内心里说，甚至表达出来，"让孩子实现我的理想""当我老年的时候让我的孩子给我更好的照顾"，这有何不妥呢？这难道不是父母对子女正常的期望和子女应该做到的吗？

四、离婚是爱情与义务的冲突

夫妻双方既然能结婚，就说明有婚姻的基础，爱情有生命力。生活发生变化，夫妻关系的紧张和冲突，并不代表爱情的消失。

爱情心理学研究表明，双方热烈爱情的波涛涌过之后，会有一段或长或短的爱情休眠期，这不是爱情的消失，而应当冷静、严肃地审视自己的情感和要求，分析彼此之间发生冲突的性质，分清是非，然后做出相应的选择。应该从家庭的整体利益和长远利益出发，各自批评自己的错误，谅解对方的错误。夫妻关系，合则两利，离则两伤。这个休眠期很快就会过去，爱情的火焰会重新燃烧起来的。

同时，对爱情发生转移而要求离婚的现象做出正确、公允的评价，是较为困难的。如果双方感情确实已经转移或者破裂，夫妻伦理仅剩下一个空壳，那么，就夫妻双方的个人意愿而言，离婚是理所当然、合乎道德、无可非议的。然而，当问题涉及其他社会关系时，就不那么简单了。

夫妻伦理冲突多种多样，其中最严重的是离婚。正如马克思所说的，离婚标志着夫妻伦理的死亡。

五、离婚具有消极和积极双重作用

离婚必然伴随诸如家庭财产的分割、子女的抚养和教育、离婚后如何维持生活等错综复杂的问题。离婚虽然是夫妻之间的私事，但会对夫妻双方、对子女、对社会造成重大的影响。

离婚改变了夫妻双方的生活。如果一方条件优越，那么离婚的打击便落在另一方的身上。特别是中老年妇女，再婚的则会少些，一般而言，许多离婚者的经济生活仍然比较困难。条件优越的一方离婚后仍然可以找到如意的伴侣，生活过得较好，但这毕竟是少数。对于条件相对弱势的一方，经历过残破的婚姻，对其一生的影响也是非常巨大的。

离婚所造成的最大恶果，是对子女心灵上的打击，子女是父母离婚最大的受害者。夫妻离婚前的种种纠葛，已经刺激了子女幼小的心灵，而离婚的种种痛苦和烦恼，更会影响子女的情绪和性格。子女常常会因父母离婚而有心理阴影，或对异性和结婚产生厌恶感。而离了婚的父亲或母亲常常会因感到对子女有愧疚感而过分宠爱他们，或者因受生活所累而放任他们。更严重的是，离了婚的父亲或母亲单独教育子女将会变得较为困难。本来，父亲和母亲有各自的素养、知识和能力可以传给子女，而失去父母一方的子女只能接受单方的教育。缺乏父亲教育的子女，很难形成诸如勇敢、顽强、坚定、独立性、纪律性、责任心等品格；而缺乏母亲教育的子女，所受的创伤则会更深。社会上许多有问题的人来自有问题的家庭，离婚对子女的影响很深。

现代婚姻以爱情为基础，以个人幸福为目的，既关心家庭的稳定，又关心夫妻双方对婚姻是否满意，家庭稳定不应背离个人幸福，而应以夫妻互爱为前提，因此也不能因离婚产生的消极后果一概反对离婚。

六、亲子冲突

（一）代沟——人生观分歧

如果亲子关系爆发伦理冲突，最集中地会表现在根本问题上。只有根本问题才会爆发根本冲突，这表现在人生观的分歧上。

子女长到十七八岁，其实真正的人生观还没有确立好。此时，人生观还处在正在逐渐形成的阶段。但是，子女的主观感受和主观判断，与现实和事实具有相当的距离和差距，子女会固执地认为自己的想法和做法非常正确，假如真的付诸实施，如果遭遇父母的不认同、不理解，这个时候，就要发生家庭冲突。

　　子女的人生观是他们所处时代社会变革的反映。而父母一辈的人生观是在二三十年前形成的，是父母青年时期那个时代社会历史的反映。如果父母要用自己的人生观体系去规范子女，那么必然发生尖锐的伦理冲突。

　　这种亲子伦理冲突是不可避免的。正确的做法应该是使冲突成为家庭生活和家庭关系发展的动力，而不是成为家庭生活和家庭关系的破坏力或阻力。要做到这一点，当然需要父母与子女双方共同努力。

　　一方面，父母在他们青年时代所形成的人生观、价值观、道德观，子女应予尊重，这值得子女好好学习和借鉴，大可不必与父母发生正面冲突。

　　另一方面，家长也应该让自己的孩子，大胆试验、大胆实施自己的想法。实践是检验真理的唯一标准，应该让孩子用自己的亲身实践教育自己、培养自己，父母不必过分操心。

（二）普遍矛盾的现象在家庭亲子关系中的反应

　　很多的家庭亲子关系问题，其实没有那么上纲上线，并不是什么代沟，并不是什么价值观、人生观、世界观的严重冲突和对立。

　　矛盾具有普遍性，各种矛盾聚集在家庭里面；各种摩擦形成于家庭空间里，这是没有原则性可分辨的、没有道理可讲的。尤其当青春期的孩子，遇到父母更年期或者经验不足的中年危机状态，是非常容易形成家庭矛盾的。这个时候，作为父母的应该主动缓和下来，家庭矛盾也就迎刃而解了。

七、亲缘伦常关系定位

乱伦现象从古至今隐藏在世界的各个角落，乱伦文学题材的作品也比比皆是，如《雷雨》《哈姆莱特》《儿子与情人》《源氏物语》《榆树下的欲望》《无名的裘德》和《千只鹤》等文学作品都把乱伦作为叙事的主线。文学是对人类社会、精神世界和自然世界的复杂反映，乱伦题材的文学作品可以让我们看到人类社会乱伦现象在作品中的跨时空映照，它与人类的爱情、婚姻、习俗、伦理、制度、宗教等社会现象之间存在着契合以及矛盾冲突，它与人自身精神世界存在着微妙的联系。乱伦题材文学作品被作家或当作警钟而警醒世人，或当作一把利剑刺向人间，或者它本身蕴藏着巨大的精神世界的秘密，被作者毫不留情地揭示出来，在爱与欲、灵与肉之间展示着人自身伦理性的生命倒塌，展示着人的放纵、毁灭、自救。这些现象或多或少反映了人类存在的复杂性和多样性，反映了人类生存境遇本身的困惑与悖谬、挣扎与痛苦。

从本能和本源的角度，发生性关系的双方应该是平等的，父母与子女间不伦的性关系会破坏父母的权威，而父母在家庭内部的权威正是维系整个社会秩序和传播文化所必需的条件。父母在家庭中的权威地位，可以使家庭内部形成继承与发展的机制，进而形成整个社会的继承与发展机制，此乃人类文明的形成机制。

一个完全抛弃了权威的社会，也就完全抛弃了人类已经取得的一切智慧成果，会造成长序倒置，复归空无，不能想象这样的社会会是一个稳定的、前进的社会。乱伦造成的后果绝不仅仅是性观念的问题，这一禁忌的破除将毁掉整个社会秩序，这可能是乱伦产生时所未曾预料的。

弗洛伊德在《性学三论》中提及"乱伦的栏栅"，他说："对这个栏栅的敬重，根本上是社会所立的一种文化要求。社会不愿意使家庭关系过分强大，以致阻碍了更高级社会单位的形成。"弗洛伊德又说："这个历程（克服和弃绝乱伦欲念）对文明的进展而言，十分必要，因为唯有如此，上下两代之间的对立才能出现。"

另外，乱伦不是经过成熟的独立思考而做出的自愿选择。父母与子女的性关系，往往带有长辈对晚辈的诱迫。性关系是美好的，诱迫阻碍了性关系的平等自愿，让性从一开始就带上否定美好的倾向。兄妹姐弟之间虽年龄相仿，不存在诱迫，但是他们往往在未成年的时候发生乱伦，他们尚不知道他们在做怎样的事情。这种蒙昧的乱伦将血缘关系和距离远近作为建立性关系乃至恋爱婚姻关系的第一因素，颠覆了性关系和恋爱婚姻关系的自然竞争原则，将从本质上颠覆恋爱和婚姻的基础。

1986—1988 年，新西兰奥塔哥大学惠灵顿医学院展开了应用诊断调查和卫生机构问卷，对新西兰某市区人口进行定向研究。结果表明，相当广泛的精神障碍与家庭内部的性乱伦有关。性乱伦的长期危害作用主要有四个方面：行为问题、人际适应能力、性心理调节和情绪问题。这四个方面的问题造成受害方自我评价过低和负罪感，造成进食障碍、抑郁、自杀等心理问题，具体表现为以下精神障碍：脑器质性综合征（基于可证实的大脑疾病、脑损伤或其他损害为病因而归于一组的精神障碍）、躁狂症、抑郁症、心境恶劣、酒精中毒、药物依赖所致的精神障碍、精神分裂症、分裂样精神病、强迫症、恐怖症、惊恐发作、躯体化疾病、反社会人格（患者在本能欲望、兴趣嗜好、性情脾气等方面发生异常改变，但没有智力、认识或推理能力方面的障碍，亦无妄想或幻觉。患者的行为具有违反道德和偏离社会规范的倾向，且在损害社会和他人之后没有愧疚和悔恨之心，不能从挫折与惩罚中吸取教训，反而变本加厉地报复社会和他人）、品行障碍、厌食症、广泛性焦虑、贪食症、赌博和性机能障碍。

父母对自己的孩子实施性关系或者性接触，会让自己的孩子成为受害者。那么幼小无助的孩子，身何以受？情何以堪？这样的孩子长大成人之后，将会形成如此多、如此严重的器质方面以及人格方面的问题，他自己已经是反社会的人格了，已经是精神分裂症的患者了，已经是躁狂症的患者了，已经是焦虑症的患者了，已经是恐怖症的患者了……此时，他们将如何对待已经老迈的父母呢？可想而知，当年作为施害者的父母反过来也会成为受害者。那么，风烛残年的老父母，身何以受？情何以堪？

所以，无论是为了社会，还是为了个人，我们都有理由感谢祖先设下的乱伦禁忌。

中国传统讲究君君、臣臣、父父、子子，这对于一个家庭内部的基本定位是不可动摇的。父母对下一代更多的是责任和义务，儿女不是父母的私有财产，如此霸占儿女，儿女们怎么能过得幸福？

身为孩子父亲或母亲的，父亲与自己的女儿发生情恋关系，母亲与自己的儿子发生情恋关系。那么，这样的父亲、这样的母亲，都是在降低自己的价值和意义，放弃了父母崇高的地位和作用，等于扔掉西瓜捡起芝麻。因为，父母去当自己子女的情恋之人，等于把自己放到数个、数十、数百人之一的位置了。因为子女的生活肯定比父亲和母亲的生活更加丰富多彩，他们可供选择的情恋之人可以很多。

孩子对于父母的特殊作用不是锦上添花，而应该是雪中送炭。天寒地冻、风雪交加中的父母，老迈残年，怎么还能担起孩子情恋人的角色？此时此刻，孩子抛掉自己的父母也很正常。因为，在长期的乱伦家庭氛围中，孩子已经忘掉了父母独尊的地位和角色，已经忘掉了父母具有诞生自己生命的伟大意义和作用，这甚至会改变孩子的生理及心理，孩子本能地把父母当成心目中存在的或潜在的几个或更多的情恋人之一。儿女缺乏至诚的心，缺乏动情的爱，没有对父母这个特殊生命的深深怜惜，父母将险象环生。

所以，家庭内部的伦常非常重要。做父母的，不要只局限于自己年富力强的时候，而要从整个生命进程的角度想问题，妥善处理与子女的关系。如此，父母既可以让自己的儿女们过健康的家庭生活，又可以让自己的晚年幸福。

八、乱伦禁忌：人类文明的准则

　　无论是在历史上还是现实生活中，乱伦事件都会发生。不仅父女之间，而且在母子之间、兄妹之间、姐弟之间，甚至在公媳之间、叔嫂之间、岳母与女婿之间，都可能发生性行为。这种在法律和道德风俗不允许的情况下，近亲属之间发生的性行为就叫作乱伦。

　　随着人类文明的发展，人类在性方面产生了第一个禁忌——乱伦禁忌。

九、面对婚外恋的几种情况

　　一些原来以爱情为基础的夫妻，珍惜彼此，努力恩爱对方，爱情常新，使之更加丰富和美满，双方就能够主动隔离婚外恋。

　　一些原来缺乏爱情基础而且现在爱情已经消失的夫妻，他们就会在婚外寻求新的爱情。

　　少数原来以爱情为基础、现在关系仍然很好的夫妻，在腐朽糜烂生活方式的影响下，也会在婚外寻求新的恋情，以提高刺激的水平和强度。

第十一章

家教和家风

一、家训

　　中国人特别重视家庭教育，传统家训是在这种文化背景中留存下来的家庭教育文献。今天，用现代人的意识去认识、分析祖先们留下来的珍贵文化遗产，对建设社会主义的伦理道德观具有十分重要的意义。

　　家训的基本内容包括为人处世和齐家守业两个方面，主要侧重于家庭成员的伦理道德、人伦关系教育。

　　中国传统文化在汉以后逐渐成为以儒家为主，法家、道家为辅的文化体系。儒家思想是家训的主旨，绵延数千年的家训文化使儒家伦理道德思想深入寻常百姓家。家训是儒家文化走下圣坛、走向民间的桥梁。

　　家训的家庭伦理方面指孝悌、和顺、仁爱、积善，家训的人生哲学方面指勤学、立志、恭谦、修身、治国，家训的道德观念方面指节俭、淡泊、廉洁、诚信，家训的教育思想方面指养德、重农、择友、严爱相济、父教之责，家训的教育方法方面指言传身教、知行合一、因人施教等。

阅读家训类图书能够提高自身修养，一些知名的家训类图书包括《曾国藩家书》《王阳明箴言录》《菜根谭》《小儿语》《续小儿语》《颜氏家训》《礼记》《孝经》等。

二、家庭教育"望子成龙"

家庭道德教育是社会道德教育的重要组成部分。在家庭中，教育者通常是父母，被教育者通常是子女。

家庭教育是通过父母对子女之间的爱而实现的，因而具有浓厚的感情色彩。父母教育子女，多是肺腑之言，苦口婆心：或恨铁不成钢，或望子成龙。子女接受教育，多半与感谢父母对自己的养育之恩联结在一起，父母恩威并重，教育的力量就分外凝重。家庭教育大多是"关起门来讲话"。在家庭内部，每个成员不压抑自己的情绪，能够同甘共苦，在最敏感、最隐秘的问题上相互忠告。所以，其内容会有不被社会公开宣传和提倡的行为准则，而是被父母或祖辈所崇尚或认可的、凝结着父母祖辈经验教训的处世箴言和告诫。另外，由于每个家庭的社会地位、经济生活水平、精神文明程度，父母的社会经历、职业、文化素养等各不相同，所以家庭道德教育的宗旨和形式不像一般社会道德教育那样趋同，而是千差万别，各有各的利益和目标，各有各的家教和家规。

一块布"染于苍则苍，染于黄则黄"。家庭对一个人施以什么样的道德教育，一个人就会接受和形成什么样的人生观和道德观。在子女家教这个关键性的时期里，家长是否有见识，是否明智，将影响甚至决定子女一生的精神面貌。人们一生的思想基础，特别是伦理道德思想的基础，早在儿童和青少年时期就已经奠定了；人们成年以后具有的各种思想，尤其是伦理道德思想都可以在儿童和青少年时期所接受的家庭道德教育中找到根源。正如俗话所说的，"从小看大""七岁看老"。相反，如果父母在这个关键的时期里，用消极或错误的人生观和道德观来教育子女，那么将严重地污染子女的心灵。许多成年人之所以变成道德品质恶劣的坏人，大多可以在他们的童年、青少年时期所受到的错误的道德教育中找到根源。

历史和现实的经验表明，子女良好的道德品质，只有经过家长自觉地加强培养才能形成。人们的道德品质，不论是优良的还是恶劣的，都不是与生俱来的，也不是头脑中自发产生的，而是后天社会实践的产物。人们都十分重视家庭道德教育。千百年来，许许多多有见识的父母都努力用自己的家训、家规来教育子女。

教育的结果并不相同：有的实现梦想，子女有出息；有的梦想没有被实现，子女碌碌无为，甚至不如父母。但也存在"有心栽花花不开，无心插柳柳成荫"的情况：父母重视家教，子女终不成功；父母忽略家教，子女反倒有出息。这其中的原因一言难尽，结果谁都难料，无论如何，都不能否定父母望子成龙的美好意愿。

三、立志是家教的重点

现代家教有共同的要求和共同的内容，即教育子女树立正确的、高尚的人生观和道德观，具体说来就是要培养子女的事业心。培养事业心，在古代叫作"立志"。

父母应该教育子女从小就要关心社会大事和国家的命运，树立远大的志向，决心将自己的一生献给祖国、献给人民、献给现代化建设。正如高尔基所说："一个人追求的目标越高，他的才力就发展得越快，对社会就越有益。"取法乎上，仅得其中；取法乎中，仅得其下。从小就把奋斗目标定得高些，有助于发展子女的聪明才智。

我们祖先创造了"立志"这个词，具有深刻的寓意。也就是说，"志"是不可能自发地生长出来的，只有下苦功去"立"，才能真正形成。

孔子曾经这样总结自己的一生："吾十有五而志于学，三十而立，四十而不惑，五十而知天命，六十而耳顺，七十而从心所欲，不逾矩。"饱经风霜的父母，大都能理解孔子这段格言中所包含的深刻哲理：立志不是一次性完成的，从学习知识、确定志向，到立业处世、驾驭人生，最后到实现理想、获得自由，这将整整贯穿漫长的人生。只有立志之后坚定不移地去努力、去追求的人，才是真正的有志。

这种努力、追求的过程，就是不断同自己身上的各种弱点做斗争的过程。因此，父母不仅要教育子女立志，更重要的是要教育子女为实现这种"志"而不懈地斗争。坚持斗争，就可以猛志常在、壮志凌云；松懈下去，就会玩物丧志、心灰意冷。

除了立志，家教的内容还很多。例如，教育子女正确认识个人与集体、与社会的关系，明确自己作为未来的主人，对集体、对社会所应负的义务和职责，爱祖国、爱人民、爱劳动、爱护公共财物，爱社会主义，等等。又例如，教育子女懂得敬老尊贤，遵守公共秩序和公共卫生，待人礼貌，行为文明，保护环境，助人为乐，等等。还应重视家庭道德教育，即要教育子女懂得敬爱父母、关爱兄弟姐妹，帮助父母做家务，友爱亲戚邻居，等等。当然，这些家教内容与上述的立志教育是一致的。在家教中，立志居主要地位并起主导作用，像一根红线贯穿于全部家教之中，其他内容都可以说是从这一点派生出来的，都是服从并围绕着立志这个根本问题而展开的。因此，家长进行家庭道德教育，应抓住立志这个中心环节，同时开展其他方面的道德教育，就能起到事半功倍的效果。

四、性教育是家教的另一个重要领域

家庭道德教育中还有一个重要内容，即性教育。这是被传统家教忽视的领域，也往往为家长所忽略，或讳莫如深。

今天，大多数家庭从孩子一出生，就很注意这方面的教育。但很多家庭弄得有些过头，好像不是性教育，而是性引导。

　　整个公共教育也参与进来，此类教材、书籍、课程种类繁多。现在的公共性教育，也有些过头，好像不是性教育，而是性引导。这应该引起注意。

　　本质上讲，性教育应该由家长们在家庭里注意传授，对孩子进行帮助和引导。这个话题，还是更多地放在家庭里面进行为好。

　　但是，整个社会好像又在追求标准化、平均化的倾向，怕有的家庭不进行这种教育。于是，性教育的话题逐渐在公共话题、教材、课程里普及起来。

　　如果子女从小接受正常的性教育，那么他们的身心成长将是活泼的、愉快的、自然的和健康的。

五、分期施教、宽严得当

　　子女的成长分为婴幼儿期、学龄前幼儿期、学龄期、青春期。在不同时期子女的心理特点不同，父母开展家庭道德教育，必须针对子女不同时期的心理特征分别采取不同的手段和方法。

　　子女平安渡过青春期，并不是家庭教育的完成。当今，人均寿命提高了，家长还要陪伴自己孩子的成年期、中年期乃至老年期。家教是一个没有终期的教育。

　　许多家长感到很苦恼，自己满腔热情、苦口婆心地教育子女，而子女不但听不进去，反而产生逆反心理，收效甚微，甚至适得其反。尤其是孩子到了十三四岁以后的叛逆期更是如此。

家教宽严要适度，既要循循教导孩子遵循社会生活和家庭生活的道德规范，增强他们的道德意识，又不能把孩子管束得过严过死，以至于对父母的管教引起反感。

六、独生子女教育

近年来，多子女家庭才逐渐增加，我国的独生子女家庭在整体家庭中的比例很高。独生子女具有非独生子女所没有的诸多缺点，如何搞好独生子女的家教，成为广大家庭亟待解决的问题。

从性格上看，独生子女由于没有兄弟姐妹相伴，生活的圈子比较狭窄，因而养成不合群、比较孤独、容易胆小怕事的习惯。

从品德和情感上看，独生子女由于从小就缺乏与小伙伴相互爱护、相互合作的实际锻炼，容易养成以我为中心、比较自私、自以为是的品性。

从实际生活能力看，独生子女由于是家庭的唯一孩子，各方面都受到家人无微不至的照料，劳动习惯和能力也较差。

独生子女虽然有劣势，却也有优势，例如：父母为独生子女提供较好的生活环境和学习条件，独生子女一般比较聪慧，对周围事物反应敏捷，比较有才华，身体发育状况也比非独生子女要好。因此，父母应充分发挥独生子女的优势，扬长避短，独生子女才能更堪大任。

七、家风：诚于中而形于外

家风即家庭道德风气，又称"门风"，是社会道德风气的重要组成部分。家风是抽象的，难以言说。每个家庭的家风，都是望之无形、听之无声的，然而又确确实实存在着，因为家风是家长和家庭主要成员的一种精神状态。家风对外在有很大的影响。家长和家庭主要成员的精神状态虽然是无形的，然而毕竟要通过日常生活的许多具体言行和事件表现出来，家风又是具体的、能够表达和表现的。一个家庭一旦形成某种家风，就具有相对的稳定性，在相当长的一段时间里不会发生根本变化。因为家风体现着家长和家庭主要成员的世界观、人生观和伦理道德观等内心信念，而这些内心信念具有很大的稳定性，不会轻易发生根本的变化。

八、曾国藩父亲的嘱咐

初到北京为官，曾国藩满心欢喜，接父亲与其同住。其父对于其得意忘形、轻飘浮躁的毛病颇为不满，并叮嘱其要注意"节欲，节劳，节饮食"。

曾国藩羞愧难当，立志改正，写下人生戒条：戒多言，戒怒，戒忮（zhì，嫉妒）求。曾国藩谨守此三戒，对其以后的人生起到了重要作用。

曾国藩成为清朝重臣之后，深知盈虚消长之理，处处提醒自己及家人，劝诫家中富贵气不能太重，要求子弟戒奢傲、去骄逸，要求家中务必以"勤俭"二字为持久之计。

后来，曾国藩将家规编成八句诀：书（读书）、蔬（种菜）、鱼（养鱼）、猪（养猪）、早（早起）、扫（洒扫）、考（祭祖）、宝（敦亲睦邻）。常说常行，八者都好。

九、公正

人都会犯错误，家庭里的任何一个成员所犯的相同错误，都应该受到同样的惩罚。

一些家庭的家规制定者和执行者通常是家庭收入最高的成员或家庭内劳作时间最长、最辛苦的成员。一旦他们自己坚信他们很少会犯错误，那么家庭往往就会缺乏公正。

主要原因就是，家庭里的执法者从来不会为他们的错误行为接受惩罚：一方面他们可以利用手中的权力解释他们所有行为的合理性，强迫家里其他成员接受；另一方面，他们可以利用自己的地位，转移惩罚目标，将错误的行为归结为是家庭中其他人造成的，进而用自己的错误惩罚其他人。

家庭内部的公正、公平、民主是很重要的。

十、平等

家庭成员除了需要平等的物质权利以外，对精神、心态方面平等的追求在当今物质生活比较富裕的情况下更显得尤为重要。

心态平等是指家庭所有成员的人格都必须得到尊重和保障，家庭各个成员在言语行为方面必须互相平等对待。

有些家庭只是满足于物质上的平等，而家庭成员在精神上不是折磨自己就是互相折磨。心态平等的标准是将别人视为和自己一样重要、具有同样地位的人，坚定互爱的原则。

家庭成员之间不平等的心态，通常会导致缺乏对其他家庭成员的理解以至于无法与其他家庭成员进行正常沟通。一个自己认为高人一等的家庭成员不但会拒绝其他家庭成员的关心，而且还会经常苛责别人的错误以证明自己的绝对正确。

家庭成员长期的心态不平等，不但会使家庭整日陷于无休止的争吵中，也会影响家庭所有成员的理智，严重阻碍正常家庭关系的发展。

对社会许多不平等因素给自己、家庭带来的不好影响和压力，应该力求自我改变，而不是要求其他家庭成员做出改变。比如，当觉得自己家庭不如别人家庭的时候，要通过自己的勤奋努力改变现状，而不是将希望全部寄托在自己的配偶身上，或者让子女努力学习将来出人头地，从而为家庭争得所谓社会上的平等地位。自我感觉到了不平等，却又不愿意付出努力争取平等，最终会在家庭内部造成新的不平等，会让家庭失去温馨和温暖，最终事与愿违、得不偿失。

十一、温柔

温柔不是软弱，温柔有既定的目标，温柔永不自傲，温柔就是力量。外在的温柔总是来自于内心的坚毅。温柔不是无知，温柔的人对生活往往有很强烈的认知。

人的五脏六腑呈柔软状态，能在狭小的人体内共生共存。在狭小的家庭空间里，夫妻只有温柔才能互相配合、互相协调，和睦生活。

温柔地对待对方，是化解各种矛盾、解决家庭内部问题的良方。生气、吵架不但不能解决任何问题，而且会产生新的问题，会加剧家庭矛盾。

家庭里来自母亲的温柔格外宝贵，母亲的温柔和永不放弃的精神是众多成功人士内心里永恒的精神支柱。众多成功人士强烈的自信心，很大部分是来自于他们伟大母亲坚韧不拔和吃苦耐劳的精神。在遇到挫折时，是母亲耐心、温柔地倾听他们绝望的哭诉，是母亲给他们恢复生活的勇气。人在自己最困难的时候，首先想到的是有一个温暖的地方保护自己，让自己得到充分的休息，然后再去与生活拼搏。母亲是最先被想到和最信赖的人，母亲的温柔对子女很重要，能使子女学会互相关心，学会以柔克刚，学会忍耐，学会原谅。

十二、信任

怀疑、猜疑是家庭的大忌。家庭成员必须互相信任、互相依赖。说得严重一些，失去信任的家庭和监狱没有什么区别。

充满信任的家庭，家庭成员在一起时是最幸福的事情，能够畅所欲言，放松身心；当家庭成员分开的时候，各自又能做最独立的人。整个家庭成员爱护和培育着家庭的成长和幸福，将所有的精力都集中于自己正在做的事情上，而不必花费时间和精力准备向其他家庭成员解释自己的行为。

十三、自信

家庭成员都需要有自信心，不但相信自己的家庭是最好的，而且相信每个人都在为家庭的成长做贡献。

自信既不是凭空想象，也不是靠金钱或身体外形。自信让每个人付出时间和精力去学习、去进步，不断增加自己知识和能力。这样，个人在社会上的作用才能越大，其自信心也就越强。

自信心强的家庭成员最重要的任务，就是在家庭里创造条件帮助自信心弱的家庭成员，通过知识的累积使他们增强自信心，增加他们对生活和未来的期盼。

家庭里经常发生的事情是家庭成员互相挫败对方的自信心。每个家庭成员的知识和能力都有所不同。知识和能力强的成员通常自信心也强，他们会常常有意无意地炫耀自己，借助指导家庭其他成员的行为伤害对方的自信心。知识和能力相对较弱的家庭成员的自信心虽然相对不足，但是自尊心、虚荣心未必就弱。出于维护自尊心、虚荣心的需要，他们会经常有意打击、挖苦自信心强的家庭成员，试图寻找到某种平衡。这样的家庭最终的结果可能是：自信心强的家庭成员由于无法忍受打击而到家庭之外寻找崇拜他的人，自信心弱的人也到家庭之外寻找尊重他的人。如此这般对家庭不利，应该尽力避免这种后果的发生。

十四、耐心

即便疾如闪电、一见钟情的爱情，在开始的时候，两人双手互相接触抚摸也会产生生理上的抵触，但是一旦两人持续地忍耐发展一段时间，等到了全身神经系统都能感觉到彼此抚摸的温暖时，双方的依恋之情才真正产生。每个人对爱情的感受都会有所不同，但是如果没有忍耐，可能就不会产生爱情。

在夫妻关系中，耐心则是无价的给予。一个人是否有爱，完全可以通过是否能耐心地和人相处而判断出来。没有耐心的人很难说他会有爱。当一个人对恋人动辄发脾气，两人经常失控吵架时，说明双方根本就没有爱，最多是喜欢对方的一些特点而已。一旦这些特点消失，双方的关系也必将结束。

不发脾气是最基本的耐心，如果将对方的不发脾气视为没有脾气而总是刺激对方希望与自己争吵，这样的人自己没有耐心，因而也拒不接受有耐心的别人。不接受对方的耐心，意味着自己要拥有随时失去耐心的权力。以自己的脾气作为相处之道，这是不对的。

能控制自己情绪的人才是有爱的人。因为发脾气本身表现的是愤怒，而愤怒来自于灵魂中的恨。积极地接受别人的情绪不但能防止对方情绪失控，而且能将对方失控的情绪转化为平静的心情。

十五、互相帮助

家庭应该是家庭成员们彻底放松，并且暴露出拼搏后的伤口以求得医治的场所、暴露出努力后的劳累以获得重新焕发生机的场所。但是相当一部分家庭并不具备这种环境，家庭成员在家庭中依然不能得到放松，而是要随时保持警惕性，以免受到其他家庭成员的伤害，根本得不到休息。而另外一些家庭，其成员在家里露出伤口后则被撒上盐，使事情变得更加不堪。缺乏互相帮助的家庭，其成员带着在社会上产生的各种负面情绪回到家中后，要么是将情绪发泄到家里人身上以转嫁情绪，要么是一声不吭继续生闷气，要么就是不但没有得到安慰反而遭到家庭其他成员的讥笑讽刺进一步加重了自己的难受。可见，家庭里的互相帮助、互相成就、互相关心，是多么的必要和重要。

十六、帮助社会

家庭是人类社交的最小场所，作为社会的最小单位，家庭必须符合人类生存的基本原则——互相帮助。

为了人类社会的生存和发展，家庭间的互相帮助、家庭对社会的帮助必不可少。家庭成员在家庭外帮助别人并得到报酬，这只是维持家庭生存的必要手段。如果一个家庭需要正常发展，那么其成员在家庭外做无报酬的工作也是必不可少的行为。一个社会能否正常发展，取决于其社会成员是否能做到为社会无偿地奉献精力和时间。

十七、善于并乐于交流

家庭成员朝夕相处，家庭交流至为重要。夫妻之间、父母与儿女之间交流的误区是将交流作为控制对方的手段，这样做将阻碍交流，会造成为了避免被对方控制或是由于控制不了对方而放弃交流的后果。

社会永远在发展变化，夫妻之间、父母与儿女之间的关系也在不停发展变化，往往需要用一生的时间不断地进行交流，才能随时了解对方的思想和行为。交流的状态决定了家庭成员互相理解的状态。所以，为了彼此的理解，也要互相好好交流。

十八、集体主义的价值观

价值观和信仰很难用语言交流，需要人们在长期的行为交往中才能逐渐了解。在工作场所，由于人们必须按照规章和行为规范去做事情，人们的行为更多的是反映其工作场所的价值观和信仰。真正完美的夫妻是能够进行全面深入的价值观和信仰交流的夫妻。

人是集体动物，人的价值取向中最重要的就是集体主义精神。家庭是最小的集体，没有集体主义精神的人是不可能真正地维护好家庭的。

如果一方已经形成以自我为中心的思维方式和行为模式，除非另一方需要在经济和个人发展方面完全依赖于对方，否则婚后双方很难在日常生活以及家庭未来发展方面达成共识。

集体精神在家庭的反映就是家庭整体利益第一，任何有损家庭完整、破坏家庭成员个性发展的行为和思想都不允许产生和存在。为了使家庭整体能为社会做最大和最理想的贡献，每个家庭成员都需要放弃自己的一些个人利益。

家庭的集体意识不但表现在关心自己的配偶和家人的利益上，而且还表现在关心他人和社会上。虽然只有极少数人能做到关心他人比关心自己还重，但是夫妻在共同生活中还要意识到关心他人和关心自己同样重要，意识到除了关心自己的配偶和家人外还需要关心他人和家外的事情，即集体的乃至国家的事情。

十九、希望感和使命感

对自己前途没有期望的人，也绝不会对家庭的前途有期望。前途不是幻想出来的，而是根据自身的能力和社会可利用的条件决定的。没有一定生存能力的人不会有什么前途，没有自信心的人也不会有前途。自信心是人的生命支柱，但是没有知识和能力做基础的自信是自我崇拜。恋人之间往往因对方对自己的崇拜而信心倍增，然而真正的自信来自于自我肯定，相信自己需要学习、需要知识、需要别人的帮助以实现自己对社会的贡献。

二十、正义感

个人的正义感不是只对社会的非正义行为进行谴责，或是对社会受害者的同情。个人的正义感在于不断地自我修正自己容易产生非正义行为的思想，不断地根据他人的正义和非正义的行为指导和约束自己的行为，不断地用自己的行为预防和制止非正义的行为。

拥有正义感的个人一定会在自己的家庭里创造出一个具有正义感的环境，通过自己家庭的正义行为来影响自己所在的社区和社会。只有在正义感的环境下出生并成长的人才有可能成为社会的脊梁，才能助力于社会的协调发展。

没有正义感的人在家庭内也不会形成正义行为，只要求对方发展而自己试图受益于他人发展结果的人最终也会被对方抛弃掉。只考虑自己或只考虑自己家庭利益而牺牲他人或他人家庭利益的人也许可以得势于一时，但不会得势于一世。

二十一、感恩

聪明的家人，总是感谢家庭给他提供的帮助和对他的信任。

追求理解和信任永远是人类生存的目的之一。而作为人类个体的男人或女人，组建家庭的意义在于了解异性并和异性共同繁衍和培养后代。

家庭为男女提供了互相了解的最佳机会和场所。丈夫通过妻子了解女性世界，妻子通过丈夫了解男性世界，父母通过哺育孩子了解生命成长的不易，孩子通过父母学习生活的目标、做人的道理。只有充满感恩之情，家庭才会是和睦的、使人感到幸福的场所。

第十二章
未来家庭

一、家庭伦理模型

理想的家庭伦理模型为：爱情至上。人格平等。个性相容和相互促进。关心关注人类命运共同体。

二、中国的家庭伦理之根

传统中国是以血缘为纽带的宗法社会，"家"的观念根深蒂固，传统"五伦"——君臣、父子、兄弟、夫妇、朋友中，有三种关系为家庭关系，而君臣、朋友关系不过是家国同构、孝悌之道的社会延伸而已。无怪乎黑格尔把中国的民族精神视为一种"家庭的精神"。陈独秀在《东西民族根本思想之差异》中则将中国社会的家庭本位与西方社会的个人本位概括为东西民族的根本差异。学者李泽厚将中国传统文化精神概括为："儒学以人性的情感心理作为出发点，以这种双向的亲子之爱以及兄弟（家庭成员）之爱作为轴心和基础，来建构社会的一切。"

三、未来家庭发展趋势

许多未来学家曾经对未来家庭的发展趋势作过种种预测，归纳起来，有三种看法。

第一种意见认为，在不久的将来或遥远的未来，家庭将要消亡。

第二种意见认为，在不久的将来以至遥远的未来，家庭不仅会继续存在下去，而且会得到振兴，进入一个"黄金时代"。

第三种意见认为，在不久的将来，家庭既不会消亡，也不会进入"黄金时代"，而极可能会出现无限多样化的形态。

参考书目

1. 林建初：《现代家庭伦理》，安徽人民出版社 1992 年版。

2. 〔苏〕格列比翁尼科夫主编，江一勋等译：《家庭伦理心理学》，西南师范大学出版社 1988 年版。

3. 张晓平、常文：《生活在家庭、婚姻、爱情的三维空间里》，中国医药科技出版社 2003 年版。

4. 张怀承：《中国的家庭与伦理》，中国人民大学出版社 1993 年版。

5. 张兆凯、侯力主编，陈润叶著：《同气连枝：兄仁弟悌与兄弟相处之道》，岳麓书社 2001 年版。

6. 戴清：《家的影像：中国电视剧家庭伦理叙事研究》，中国传媒大学出版社 2008 年版。

7. 王恒生主编：《家庭伦理道德》，中国财政经济出版社 2001 年版。

8. 章海山：《家庭伦理》，广东人民出版社 1984 年版。

9. 萧家炳主编：《家庭伦理》，中国环境科学出版社 1996

年版。

10.〔美〕霍曼著，周云等译：《社会老年学：多学科的视角》，中国人口出版社 2007 年版。

11. 王德钦编著：《日常礼节与家庭伦理》，湖南师范大学出版社 1991 年版。

12. 陈金华：《伦理学与现实生活——应用伦理学引论》，复旦大学出版社 2006 年版。

13. 魏国英、王春梅主编：《教育：性别维度的审视》，学林出版社 2007 年版。

14. 王长金：《传统家训思想通论》，吉林人民出版社 2006 年版。

15. 萨日娜：《家庭美德》，四川人民出版社 2002 年版。

16. 佘靖、牛建昭主编：《新世纪家庭健康宝典》，中国妇女出版社 2001 年版。

17. 牛西平、郭飒飒：《周秦伦理思想探微》，陕西人民出版社 2007 年版。

18. 陈筱芳：《春秋婚姻礼俗与社会伦理》，巴蜀书社 2000 年版。

19. 陈长平、席小平、陈胜利主编：《中国少数民族生育文化（下）》，中国人口出版社 2005 年版。

20. 宋希仁主编：《家庭管理》，中国方正出版社 2002 年版。

21. 宋希仁主编：《党员干部治家读本中外治家名言点评》，中国方正出版社 2007 年版。

22. 唐能赋：《毛泽东的伦理思想》，西南师范大学出版社1993年版。

23. 安云凤：《婚姻和谐的艺术》，解放军出版社1991年版。

24. 武东生：《人之父》，南开大学出版社2000年版。

25. 林娟主编：《居家生活一本全》，青岛出版社2003年版。

26. 张培峰：《人之子》，南开大学出版社2000年版。

27. 陈瑛、〔日〕丸本征雄编：《中日实践伦理学讨论会实录》，社会科学文献出版社1993年版。

28. 姚新中：《困惑——当代社会问题的伦理思考》，中国城市经济社会出版社1989年版。

29. 玫瑰编著：《情侣爱的法则——夫妻禁忌与协调》，中国国际广播出版社1991年版。

30. 廖奔、刘彦君著：《爱的困惑——现代性爱观与东方伦理传统的冲突》，国际文化出版公司1988年版。

31. 裴烽、张庆云、李寄秦等：《妇女伦理学》，辽宁大学出版社1987年版。

32. 马明良：《伊斯兰文化新论（修订本）》，宁夏人民出版社2006年版。

33. 山东省老年学学会孝文化专业委员会编：《新编二十四孝图》，齐鲁书社2007年版。

34. 张红艳：《马克思恩格斯家庭伦理思想及其当代价值》，广西师范大学出版社2015年版。

35. 李桂梅：《冲突与融合：中国传统家庭伦理的现代转向及

现代价值》，中南大学出版社 2002 年版。

36. 吕红平：《先秦儒家家庭伦理及其当代价值》，人民出版社 2015 年版。

37. 王凤仪：《家庭伦理讲演录》，世界知识出版社 2009 年版。

38. 路丙辉：《社会转型期我国家庭伦理变化及道德建设研究》，人民出版社 2016 年版。

39. 刘海鸥：《从传统到启蒙：中国传统家庭伦理的近代嬗变》，中国社会科学出版社 2005 年版。

40. 王秀华：《经济发展与家庭伦理》，厦门大学出版社 2009 年版。

41. 李卓等：《日本家训研究》，天津人民出版社 2006 年版。

42. 孙君恒等：《墨子伦理思想研究》，中国社会科学出版社 2014 年版。

43. 刘厚琴：《汉代伦理与制度关系研究》，中国社会科学出版社 2008 年版。

44. 罗国杰主审，李萍主编：《伦理学基础》，首都经济贸易大学出版社 2004 年版。

45. 张彦著，万俊人编：《价值排序与伦理风险》，人民出版社 2011 年版。

46. 杨懋春：《中国家庭与伦理》，台北"中央"文物供应社 1981 年版。

47. 顾世群：《〈古兰经〉伦理思想研究》，宁夏人民出版社

2015 年版。

48. 毕彦华编著:《何谓伦理学》,中央编译出版社 2010 年版。

49.〔日〕丸山敏秋著,于振忠译:《纯粹伦理入门》,金城出版社 2013 年版。

50. 戴素芳:《传统家训的伦理之维》,湖南人民出版社 2008 年版。

51. 唐代兴:《生境伦理的教育道路 》,上海三联书店 2014 年版。

52. 张怀承著,唐凯麟编:《中华民族道德生活史·隋唐卷》,东方出版中心 2015 年版。

53. 邓名瑛著,唐凯麟编:《中华民族道德生活史·魏晋南北朝卷》,东方出版中心 2015 年版。

54. 王引兰:《伦理学初探》,中国社会出版社 2008 年版。

55. 胡宜安:《现代生死学导论》,广东高等教育出版社 2009 年版。

56. 胡宜安、雷爱民、张永超主编:《中国当代生死学研究:第一辑》,上海三联书店 2021 年版。

57.〔苏〕格列比翁尼科夫编,关益、杨甦译:《家庭生活伦理与心理 —— 青年的婚前教育》,教育科学出版社 1990 年版。

58. 唐梅、曹玲编著:《社会工作伦理》,中国社会科学出版社 2015 年版。

59. 陶自祥:《论家庭继替:兼论中国农村家庭的区域类型》,

中国社会科学出版社 2015 年版。

60.〔英〕韦罗妮克·莫捷著，刘露译：《存在》，译林出版社 2023 年版。

61. 林少菊：《家庭伦理与犯罪研究》，中国人民公安大学出版社 2005 年版。

62. 吴沁芳：《伦理困境与和谐诉求 ——当代社会变迁下的伦理现象透视》，中国社会科学出版社 2012 年版。

63. 王常柱：《中国社会发展中的几个伦理问题》，山西人民出版社 2011 年版。

64. 唐玉龙：《家庭幸福论》，湖南教育出版社 2011 年版。

65. 王晶：《找回家庭：农村代际合作与老年精神健康》，社会科学文献出版社 2016 年版。

66. 张国刚：《唐代家庭与社会》，中华书局 2014 年版。

67. 乔健、潘乃谷主编：《中国人的观念与行为》，天津人民出版社 1995 年版。

68. 刘永强：《家庭伦理的企业管理制度体系研究》，商务印书馆 2011 年版。

69. 张震：《当代中国家族企业的伦理动因及其现代价值》，红旗出版社 2004 年版。

70. 梁明月：《家校德育责任关系研究——德育责任推诿现象透视》，人民出版社 2014 年版。

71. 杨颖、杨巍、唐霞：《家庭伦理思想研究》，中国文史出版社 2014 年版。

72. 杜隽：《乔治·艾略特小说的伦理批评》，学林出版社 2006 年版。

73. 袁雪芬：《奇卡诺文学伦理思想研究》，中国社会科学出版社 2015 年版。

74. 杨府：《婚内婚外》，新世界出版社 2011 年版。

75. 贺艳：《关于"家"的想象与叙述：20 世纪 90 年代以来家庭伦理电视剧的叙事文化研究》，法律出版社 2014 年版。

76. 吕乐平：《中国家庭伦理题材：电视剧的叙事艺术》，中央民族大学出版社 2007 年版。

77. 谢波：《爱情与伦理向度下的家庭叙事： 中国电影家庭情节剧研究 1945—1949》，云南大学出版社 2016 年版。

78. 鲁建彪：《傈僳族伦理研究》，人民出版社 2016 年版。

79. 刘荣才：《老年心理学》，华中师范大学出版社 2009 年版。

80. 焦欣波：《东西方叙事文学乱伦母题研究》，陕西师范大学 2009 年硕士学位论文。

81. 方刚：《"性自愿"与"性禁忌"——关于乱伦禁忌的现代思考》，《青年探索》1996 年第 6 期。

82.Bushnell, J. A., Wells, J. E., & Oakley-Browne, M. A. (1992). Long-term effects of intrafamilial sexual abuse in childhood. *Acta Psychiatrica Scandinavica*, 85(2), 136‐142.

83. 冯莎苓：《润心：老年朋友的心灵读本》，中国发展出版社 2007 年版。

84. 王树新编：《老年社会工作》，中国劳动社会保障出版社 2007 年版。

85. 淦家辉：《中国尊老文化与农村养老问题研究》，江西师范大学 2003 年硕士学位论文。

86. 北京大学老龄问题研究中心主编，肖健、沈德灿编著：《老年心理学》，中国社会出版社 2009 年版。

87. 梅陈玉婵、齐铱、徐玲：《老年学理论与实践》，社会科学文献出版社 2004 年版。

88. 陈露晓主编：《老年人的生死心理教育》，中国社会出版社 2008 年版。

89. 穆光宗：《"文化养老"之我见》，《社会科学论坛（学术评论卷）》2009 年第 6 期。

90. 赵慧敏主编：《老年心理学》，天津大学出版社 2010 年版。

91. 何庆良：《孝心不能等待》，重庆出版社 2008 年版。

92. 梅陈玉婵：《老年学理论与实践》，社会科学文献出版社 2004 年版。

93. 辛晓梅：《和谐养老，千古同心——中国社区文化养老的背景和前景》，中央民族大学 2006 年硕士学位论文。